後悔しない 高齢者施設・住宅の選び方

岡本典子
Noriko Okamoto

日本実業出版社

はじめに

　急速に高齢化が進む中、高齢者の住まいも多様化してきています。
　高齢期になっても、ほとんどの人は「住み慣れた自宅でくらし続けたい」と考えています。一方で、介護が必要になれば「家族に迷惑をかけたくない」「子どもに介護をさせたくない」という思いがあります。
　そこで、「高齢者施設・住宅」への住みかえが視野に入ってきます。介護を受けて安心してくらせる、身の丈に合った住みかえ先が重要になります。
　近年、有料老人ホームをはじめ、グループホーム、サービス付き高齢者向け住宅（サ高住）、シニア向け分譲マンション、ケアハウス、シルバーハウジング、特別養護老人ホームなど、高齢期の住まいの選択肢は広がってきましたが、それらの違いはわかりにくく、自分や家族にとってどういった施設・住宅が適切なのかを見極めるのはむずかしいものです。
　私はファイナンシャル・プランナーとして、これまで多くのシニアの方たちの資金力に応じた「終のすみか探し」をサポートしてきました。
　本書は、人生の最期を自分らしくすごせる住まいを見つけていただくためのガイドブックです。各施設・住宅を網羅し、それぞれのメリット・デメリットを整理したうえで、費用の考え方や見学の方法、入居契約の注意点、退去のリスクなどをわかりやすく解説しています。
　この本が、高齢者施設・住宅の選択で悩んでいる皆さんのお役に立てれば幸いです。

　2014年6月

　　　　　　　　　　　　　　　　　　　　　　　　　　岡本典子

本書の内容は2014年6月1日現在の情報に基づいています。

Contents

後悔しない高齢者施設・住宅の選び方

高齢者施設・住宅の種類と特徴 ………… 10

第1章 あなたは「在宅派」？「施設派」？

- 01 60代以降は複数回、転居の可能性がある!? ………… 14
- 02 介護の問題は他人事ではない！ ………… 16
- 03 在宅介護と施設介護の分かれ目は？ ………… 18
- 04 家族の介護力が「不足」または「ない」場合 ………… 20
- 05 在宅介護 ≒ 家族介護 ＋ α ………… 22
- 06 介護費用はいくらくらい必要か？ ………… 26
- 07 あなたの高齢期の住まいは？（チャートで考える）………… 28
- 08 高齢者施設・住宅の種類は？ ………… 30
- 09 「介護度」と「費用」で住みかえ先をイメージ ………… 34
- COLUMN 1 　最期は"PPK"を希望？ ………… 36

第2章
施設の一番手！「有料老人ホーム」

- 10 有料老人ホームの主なタイプ …… 38
- 11 有料老人ホームに付帯するサービスは？ …… 40
- 12 有料老人ホームの「入居一時金」「月額費用」…… 44
- 13 医療機関との連携はどうなっている？　48
- 14 住宅型有料老人ホームでは介護は外部サービスを利用 …… 50
- 15 終のすみかになる介護付き有料老人ホーム …… 52
- 16 介護付き有料老人ホーム VS 住宅型有料老人ホーム …… 56
- 17 介護付き有料老人ホーム・入居時自立型はこんなところ …… 60
- 18 介護付き有料老人ホーム・介護型はこんなところ …… 64
- 19 介護付き有料老人ホーム・混合型はこんなところ …… 68
- 20 「退去リスク」をあらかじめ知っておこう …… 72
- ☑ 介護付き有料老人ホームのチェックポイント …… 78

COLUMN 2　「看取り」が可能な施設が増えている …… 59

COLUMN 3　入居一時金で「長生きリスク」を施設に転嫁？ …… 77

第3章
認知症の人が共同でくらす「グループホーム」

- 21 認知症介護の家族負担を軽減する存在 ……… 80
- 22 認知症の人の「残存能力」をフルに活用 ……… 84
- 23 グループホームで常時医療が必要になったら？ ……… 88
- ☑ グループホームのチェックポイント ……… 90
- **COLUMN 4** 歌が大好きな9人（あるグループホームの1日）……… 87

第4章
いま注目の住まい！「サービス付き高齢者向け住宅」

- 24 サ高住は比較的元気な高齢者のための住まい ……… 92
- 25 サ高住では見守り・生活相談サービスが提供される ……… 97
- 26 サ高住の場合、入居者の権利が強い ……… 101
- 27 介護付き有料老人ホーム VS サ高住 ……… 104
- ☑ サービス付き高齢者向け住宅のチェックポイント ……… 106

第5章
資産価値を期待？「シニア向け分譲マンション」

- 28 シニア向け分譲マンションで第二の人生を謳歌 ……… 108
- 29 シニア向け分譲マンションの販売価格は数千万円程度 ……… 112
- 30 資産価値はあるが、売却時の問題点がある ……… 114
- ☑ シニア向け分譲マンションのチェックポイント ……… 117

第6章
独居で身寄りのない人に向く「ケアハウス」

- 31 ケアハウスは「軽費老人ホーム」の一種 ……… 120
- 32 比較的安く入居できるケアハウスは人気 ……… 124
- 33 「都市型軽費老人ホーム」が新たに登場 ……… 126
- ☑ ケアハウスのチェックポイント ……… 128

第7章
公営の高齢者世話付き住宅！「シルバーハウジング」

- 34 シルバーハウジングには生活援助員の世話が付く ……… 130
- 35 介護が必要になると、退去しなければならない？ ……… 134
- ☑ シルバーハウジングのチェックポイント ……… 138
- COLUMN 5 シルバーハウジング構想 ……… 137

第8章
介護保険が使えて費用が安い！「介護保険3施設」

- 36 介護保険の施設サービスで利用できる3つの介護施設 ……… 140
- 37 特養は人気ナンバー1の公的介護施設 ……… 145
- 38 待機者が多い特養はなかなか入れない!? ……… 149
- 39 老健には医師がいて、医療もリハビリも受けられる ……… 153
- 40 老健は「第2の特養」!? ……… 157
- 41 介護療養病床は終末期の病床・病院生活 ……… 160
- 42 介護療養病床ではアメニティ代がかかる ……… 164
- ☑ 介護保険3施設のチェックポイント ……… 166

第9章
イザ実践！
高齢者施設・住宅選びの手順とポイント

43 高齢者施設・住宅の選び方5つのステップ ……… 168
44 〈ステップ1〉保有資産の棚卸し ……… 172
45 〈ステップ2〉優先順位を決める ……… 181
46 〈ステップ3〉情報を収集する ……… 184
47 〈ステップ4〉候補を絞り込む ……… 188
48 〈ステップ5〉見学（体験入居）する ……… 191
49 入居契約の前に必ず確認すべきこと ……… 197
50 身元引受人をどうする？ ……… 200
51 実際に入居契約する ……… 202
52 引っ越し・入居の手続き ……… 205
53 入居後の人間関係のトラブル ……… 208
54 もし、有料老人ホームで退去を求められたら？ ……… 210
COLUMN 6 自宅を利用した資金捻出の"奥の手" ……… 179
COLUMN 7 見学は「1＋5＝6」を意識する!? ……… 196
COLUMN 8 返還金が少なすぎる？ ……… 213

第10章
最期まで自宅でくらし続けるには？

- 55 家族の介護力があれば「居宅介護サービス」を利用 ……… 216
- 56 要介護認定を申請する ……… 218
- 57 訪問介護・デイサービス・ショートステイ ……… 220
- 58 住宅改修・福祉用具 ……… 224
- 59 定期巡回・随時対応型訪問介護看護 ……… 228
- 60 小規模多機能型居宅介護と訪問看護（複合型） ……… 231
- 61 最期まで自宅でくらすための3つのポイント ……… 234
- COLUMN 9 高齢者施設・住宅も"自宅"に変わりはない ……… 238

カバーデザイン／川島進（スタジオ・ギブ）
カバーイラスト／赤江橋洋子
本文デザイン・DTP／ムーブ（新田由起子）
本文イラスト／大野文彰、寺崎愛

高齢者施設・住宅の種類と特徴

種類		民間					
		介護付き有料老人ホーム		住宅型有料老人ホーム	グループホーム	サービス付き高齢者向け住宅	シニア向け分譲マンション
		入居時自立型	介護型・混合型				
入居者の身体状況	自立	○	○	○	×	○	○
	要支援	×	○	○	要支援2～	○	×
	要介護	×	○	○	○	○	×
付帯するサービス	食事	○	○	○	○	△	○
	緊急時対応	○	○	○	○	○	○
	介護	○	○	×	○	×	×
入居時の費用		数百万円～数億円	0円～数千万円	数百万円～数千万円	0円～数十万円	0円～数千万円	数百万円～1億数千万円
居室面積		13㎡以上	13㎡以上	13㎡以上	7.43㎡以上	25㎡以上（18㎡以上）	住宅による
事業主体		民間企業 社会福祉法人 医療法人など	民間企業 社会福祉法人 医療法人など	民間企業 社会福祉法人 医療法人など	民間企業など	民間企業 社会福祉法人 医療法人など	民間企業
管轄省庁		厚生労働省	厚生労働省	厚生労働省	厚生労働省	国土交通省 厚生労働省	国土交通省
根拠法（高齢者関連）		老人福祉法 介護保険法	老人福祉法 介護保険法	老人福祉法 介護保険法	老人福祉法 介護保険法	高齢者すまい法	―
特記事項		終のすみかになる	介護は外部サービスを利用		認知症の人が共同生活	見守り、生活相談が付いている	高齢者の生活に適した環境整備

施設に問い合せが必要

※入居時の費用はあくまでも目安。各施設・住宅により異なる。

公的					
ケアハウス		シルバーハウジング	介護保険3施設		
自立型	介護型		特別養護老人ホーム	介護老人保健施設	介護療養型医療施設
○	×	○	×	×	×
(△)	(△)	(△)	×	×	×
×	○	×	○	○	○
○	○	×	○	○	○
○	○	○	○	○	○
×	○	×	○	○	○
0円〜数千万円（前払家賃）		0円	0円		
21.6㎡以上（単身）31.9㎡以上（夫婦）		25㎡以上（公営住宅等整備基準による）	10.65㎡以上	8㎡以上 ただし、ユニット型は10.65㎡以上	6.4㎡以上 ただし、ユニット型は10.65㎡以上
地方自治体 社会福祉法人	都道府県知事の認可を受けた法人	地方自治体 UR都市機構 など	地方自治体 社会福祉法人	地方自治体 社会福祉法人 医療法人	
厚生労働省		国土交通省 厚生労働省	厚生労働省		
老人福祉法 介護保険法		―	老人福祉法 介護保険法	介護保険法	
自立者が生活できる公的介護施設	介護を受けて生活できる公的介護施設	自立者が生活する公営の高齢者住宅	終のすみかになる	リハビリが中心	要介護度が重度

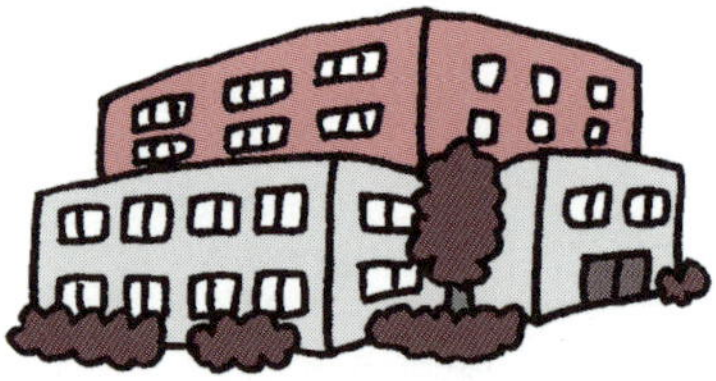

第1章

あなたは「在宅派」？「施設派」？

01 60代以降は複数回、転居の可能性がある!?

ここがポイント! 寿命が伸びて、昔のようにマイホームで最期を迎えるのが当たり前ではなくなりました。建物の寿命や家族関係も考えて、「住みかえ」を視野に入れる時代です。

長寿化により住まい方が変わってきた

1950年の日本人の**「平均寿命」**は、男性が58.00歳、女性が61.50歳でした。この頃は、30代でマイホームを購入し、55歳で定年になると、庭いじりや孫の成長を楽しみにしてすごし、数年で亡くなるという時代でした。

ところが2012年の平均寿命は、男性が79.94歳、女性が86.41歳です。マイホームを購入する平均的な年齢層は30代後半から40代初めのアラフォーです。

たとえば、少し早めの35歳で念願のマイホームを建てたとして、40年で建物が朽ちる頃には75歳になっています。75歳になってからの「建てかえ」は、経済的にも肉体的にもきつくなってきます。

もし、完全に住めなくなれば、建てかえ期間の仮住まいなどを考えると、すぐに移り住める建売住宅やマンション、もしくは賃貸住宅のほうが楽です。

そして、75歳時点で介護が必要な場合や認知症になった場合、介護者がいない場合には、**「有料老人ホーム」**などへの**「住みかえ」**という選択肢が浮かび上がってきます。

転居の時期は2度訪れることがある

　下図のように、60歳以降、"人生の節目"（Aの時点）において、将来の住まい方を選択する時機（タイミング）が訪れます。

　「生涯自宅」と考えていても、介護が必要になり、家族の介護力が不足する場合（Bの時点）は、介護施設へ転居しなければならないこともあります（**1度目の転居**）。

　また、Aの時点で、元気なうちに高齢期をすごしやすい駅近マンションなどへ転居した場合も、重介護になれば（Cの時点）、やはり介護施設へ転居しなければならないこともあります（**2度目の転居**）。

60代以降の転居の可能性

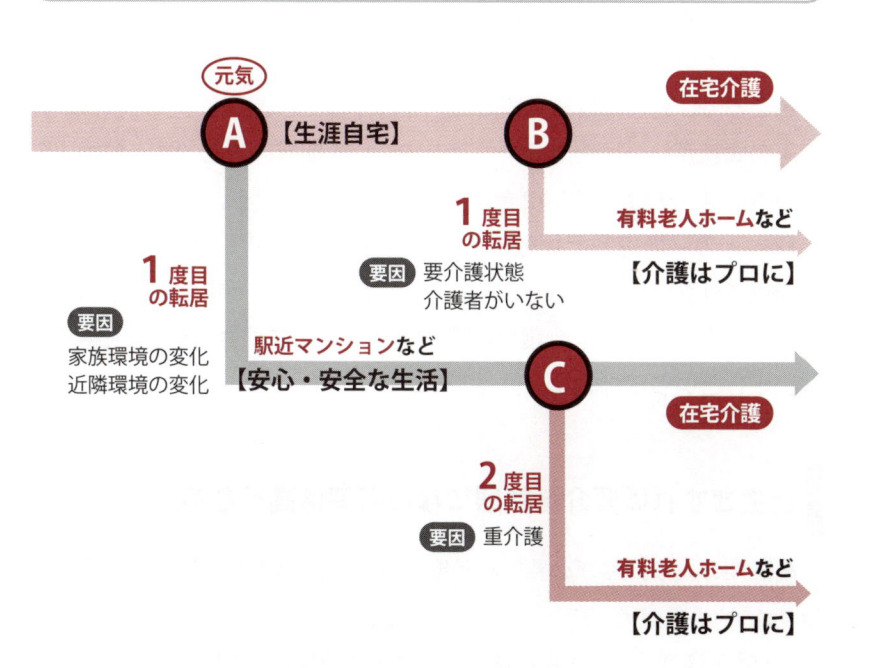

A【生涯自宅】元気
- → 在宅介護
- **B** → **1度目の転居**　有料老人ホームなど【介護はプロに】
  - 要因：要介護状態／介護者がいない

1度目の転居（Aから）
- 要因：家族環境の変化／近隣環境の変化
- 駅近マンションなど【安心・安全な生活】
- **C** → 在宅介護
- **C** → **2度目の転居**　有料老人ホームなど【介護はプロに】
  - 要因：重介護

02 介護の問題は他人事ではない！

> **ここがポイント！** 日本人の健康寿命は、男性が70.42歳、女性が73.62歳。平均寿命までの約9～13年は病気がちだったり、何らかの助力や介護が必要な時期です。

平均寿命－健康寿命＝介護が必要な期間？

日本は急速に高齢化が進み、「4人に1人は高齢者」という超高齢社会を迎えています。

ところで、皆さんは「健康寿命」をご存じでしょうか？ これは、健康上の問題がない状態で日常生活をおくれる期間のことです。日本人の健康寿命は、男性が70.42歳、女性は73.62歳です。

日本人の平均寿命と比較すると、男性で9.52年、女性で12.79年は健康ではない期間ということです。つまり、この期間は病気がちだったり、何らかの助力や介護が必要と考えられます。「介護は他人事ではない！」という統計的な裏付けです。

長生きすれば要介護状態になる確率は高くなる

高齢期の人が介護が必要になる割合は、年齢が上がるにつれて高まります。

80歳を過ぎると、「要介護（要支援）認定者」の割合がグンと上がっています。長生きすればするほど、介護のリスクも上がっていくことがわかります。

平均寿命と健康寿命の差

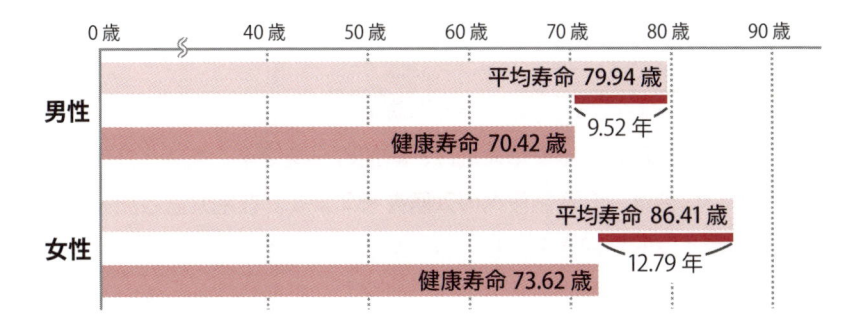

男性
- 平均寿命 79.94歳
- 健康寿命 70.42歳
- 差 9.52年

女性
- 平均寿命 86.41歳
- 健康寿命 73.62歳
- 差 12.79年

■ 日本人男女の平均寿命・健康寿命から算定される、何らかの助力・介護が必要な期間

※厚生労働省の資料をもとに作成(平均寿命は2012年、健康寿命は2012年6月発表の数字)。

高齢者人口と要介護認定者数、認定率

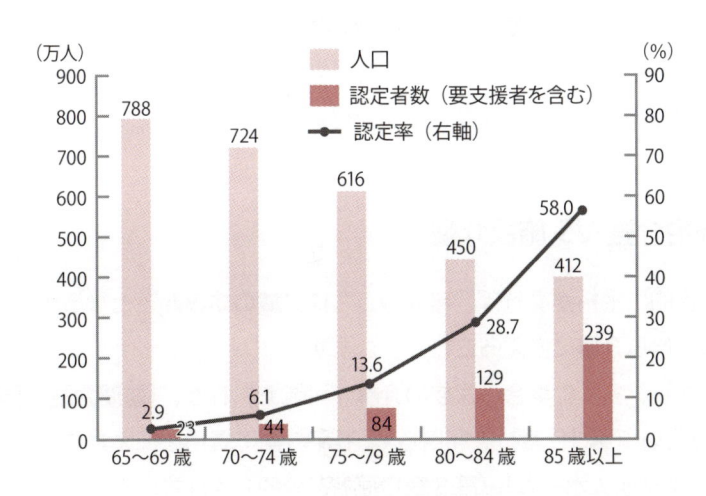

年齢	人口(万人)	認定者数(万人)	認定率(%)
65〜69歳	788	23	2.9
70〜74歳	724	44	6.1
75〜79歳	616	84	13.6
80〜84歳	450	129	28.7
85歳以上	412	239	58.0

資料出所:厚生労働省『介護給付費実態調査』(2011年12月審査分)
総務省統計局『人口推計』(2011年12月確定値)

第1章 あなたは「在宅派」?「施設派」?

03 在宅介護と施設介護の分かれ目は？

ここがポイント！ 要介護認定者は年々増え続け、増加の一途です。家族が介護できない場合は、介護施設への入居を考えます。在宅介護と施設介護のポイントを押さえましょう。

「自宅」で最期を迎えたい！

内閣府の『高齢者の健康に関する意識調査』で、「最期を迎えたい場所」を見ると、**「自宅」**（54.6％）が最も多くなっています。

最期まで自宅でくらし続けるか、介護施設へ住みかえるかは、自分の身体状況や家族の介護力などによって決まります。

実際は、経済状況や家族を介護施設へ入れるという後ろめたさがネックになるケースが多いのですが、介護力がない場合や独居の場合は、介護施設に入居することを考えざるを得ません。

在宅介護 VS 施設介護

資金的に余裕があれば、自立のうちに**"終のすみか"**となる施設へ入居し、自ら介護に備えることができます。

しかし、多くの場合、家族の介護が可能であれば、**「訪問介護」「デイサービス」**（第10章）を利用して、在宅介護で費用を抑えます。一方で、**「特別養護老人ホーム」**（第8章）など、公的介護施設に申し込んで待機しますが、入居前に限界が来た場合は、民間の有料老人ホームへ入居するのが一般的です。

最期を迎えたい場所

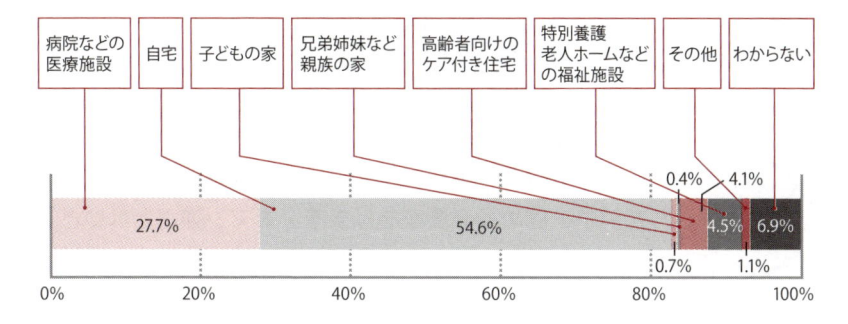

病院などの医療施設	自宅	子どもの家	兄弟姉妹など親族の家	高齢者向けのケア付き住宅	特別養護老人ホームなどの福祉施設	その他	わからない
27.7%	54.6%	0.7%	0.4%	4.5%	1.1%	4.1%	6.9%

資料出所：内閣府『高齢者の健康に関する意識調査』（2012年度）

在宅介護と施設介護のメリット・デメリット

	在宅介護	施設介護
メリット	住み慣れた自宅や地域でくらせる	家族の負担は少ない
	費用が安くすむ	いつでも介護を受けられる
	環境を変えずにすむ	緊急時の対応が可能で、安心
	自分らしい生活がおくれる	同じ年代の人が多く、孤独感がない
	デイサービスなどの選択が自由	寝たきりになる可能性は低い
デメリット	家族の負担が大きい	費用が高額
	緊急時の対応が不安	集団生活なので自由度が低い
	自宅に引きこもりがち	施設内の人間関係が気になる
	寝たきりになる可能性が高い	家族と離れた寂しさがある
	家族は仕事と介護の両立が必要	プライバシーがない

第1章　あなたは「在宅派」？「施設派」？

04 家族の介護力が「不足」または「ない」場合

> **ここがポイント!** 家族に介護力があるとは限りません。最期まで自宅に居たいなら、確固とした覚悟を固める必要があります。ガマン強さがないと乗り切れません。

「単独世帯」と「夫婦のみの世帯」で半数以上

内閣府の『高齢社会白書』によると、65歳以上の高齢者のいる世帯数は約1942万世帯で、全世帯(約4668万世帯)の41.6％を占めています。その中で、「三世代世帯」(15.4％)が減少し、「親と未婚の子のみの世帯」(19.3％)が増加しています。

注目すべきは、「単独世帯」(24.2％)と「夫婦のみの世帯」(30.0％)で全体の過半数を超えていることです。これは、要介護になっても介護者なしか、**"老老介護"** になることを意味します。

介護施設の利用で乗り切る

独居の場合や、老老夫婦で一方の介護ができないとか2人とも要介護などの場合は、最期まで自宅でくらすには強い覚悟が必要です。

たとえば、寝たきりで訪問介護に頼っているケースでは、ヘルパーが帰った後は体位を変えたくなったり、尿意をもよおしたりしても、じっとガマンしなければなりません。

もし、**「定期巡回・随時対応型訪問介護看護」**(第10章)を行なう介護サービス事業所が近くにあれば、契約する手があります。

65歳以上の人のいる世帯数および構成割合（世帯構造別）と全世帯に占める65歳以上の人がいる世帯の割合

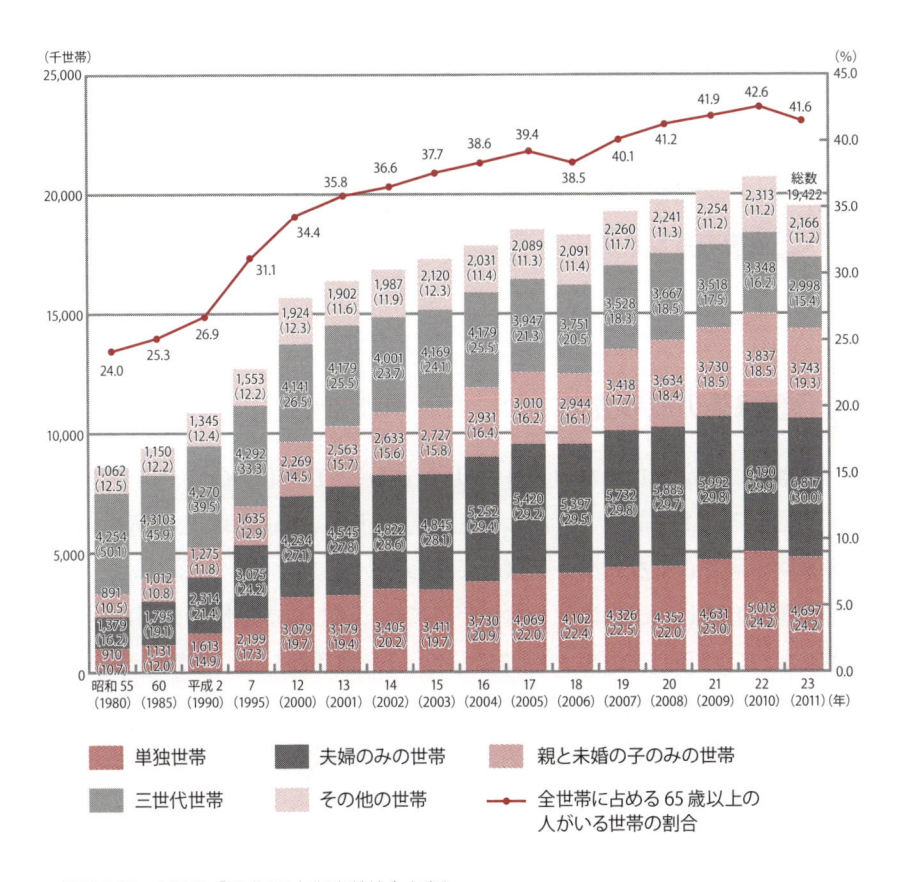

凡例：
- 単独世帯
- 夫婦のみの世帯
- 親と未婚の子のみの世帯
- 三世代世帯
- その他の世帯
- 全世帯に占める65歳以上の人がいる世帯の割合

資料出所：内閣府『平成25年版高齢社会白書』

　それもむずかしいなら、24時間対応してもらえる介護施設への入居を検討します。
　最期まで自宅でくらしたいと思っても、そのハードルが高すぎる場合は、それまでの視点を変え、安心してくらせる道を模索しなければなりません。すると、**「介護施設の利用で乗り切る」**ことも選択肢に入ってきます。

05 在宅介護 ≒ 家族介護 ＋ α

ここがポイント！　「自宅で家族が看てね。大変だろうから、介護保険サービスをいろいろ用意しているので、使ってください」……これが介護保険制度の基本です。

介護保険の成り立ち

　人はいつか必ず亡くなります。"ピンピンコロリ（PPK）"であっけなく死に至る人もいますが、ガン、脳梗塞、肺炎、心臓病などで入院し、療養期を経て亡くなるケースが多くなっています。
　医療が進歩し、簡単に死ねない時代になりました。家族の介護期間が長くなり、仕事との両立が困難になり、「介護離職」や「介護うつ」も増えてきて、社会問題化してきています。
　家族の介護の負担をなるべく減らそうと、「介護保険制度」が2000年にスタートし、さまざまな「介護保険サービス」を受けられるようになりました。

介護保険サービスの体系

　介護保険サービスは、あくまでも家族が自宅で介護する「居宅介護サービス」が基本です。介護する家族がいない場合や、重介護で介護が困難な場合には、「公的介護施設を利用してもいいですよ」というスタンスなのです。
　この介護保険サービスは、住民票のある市区町村に介護が必要である

介護保険サービスの体系

在宅 ⇕ **施設**

訪問系サービス
- 訪問介護・訪問看護・訪問入浴介護・居宅介護支援 etc.

通所系サービス
- 通所介護（デイサービス）・通所リハビリテーション（デイケア）etc.

短期滞在系サービス
- 短期入所生活介護（ショートステイ）etc.

居宅系サービス
- 特定施設入居者生活介護・認知症共同 etc.

（以上を総称して**居宅介護サービス**）

入所系サービス
- 特別養護老人ホーム・介護老人保健施設・介護療養型医療施設 etc.

一般的な利用法

- 自宅で家族が介護。**「訪問介護」**のヘルパーが定期的にサポートに来る。
- 週に2日程度は**「デイサービス」**に出かけ、食事や入浴などのサービスを受ける。
- たまには数日間の**「ショートステイ」**（第10章）を利用。その間、介護で疲れた家族はリフレッシュする。
- コアとなる家族がいない場合は、公的介護施設への**「入所系サービス」**を利用する。

と認められた人しか利用できません。

また、次の①②に該当する人に限られます。

① 65歳以上の人（第1号被保険者）で、介護が必要になり、要介護・要支援認定を受けた人。

② 40～65歳未満の人（第2号被保険者）で、老化が原因とされる16種類の「特定疾病」（がん末期など）により、要介護・要支援認定を受けた人。

第1章　あなたは「在宅派」？「施設派」？

要介護度別の身体状況の目安

要介護度	要介護度の目安
要支援1	身の回りのことはおおむねできるが、障害などが原因で、生活機能の一部にやや低下が認められ、「介護予防サービス」によって改善が見込まれる。
要支援2	身の回りのことはおおむねできるが、障害などが原因で、生活機能の一部に低下が認められ、「介護予防サービス」によって改善が見込まれる。
要介護1	身の回りのことに見守りや手助けが必要。立ち上がり・歩行などで支えが必要。
要介護2	身の回りのこと全般に見守りや手助けが必要。立ち上がり・歩行などで支えが必要。排泄や食事で見守りや手助けが必要。
要介護3	身の回りのことや立ち上がりが自分だけでできない。排泄などで全般的な介護が必要。
要介護4	寝たきりに近く、日常生活全般について介助が必要。問題行動（認知症などに伴う徘徊、暴言・暴行など）や理解低下がある場合も。
要介護5	寝たきりにかなり近く、日常生活全般について介助が必要。問題行動（認知症などに伴う徘徊、暴言・暴行など）や理解低下が多くある場合も。

居宅介護サービスの支給限度額

　居宅介護サービスは、要介護度ごとに**「1割負担」**で利用できる上限額（1か月当たりの支給限度額）が決められています。

　上限額を超えて居宅介護サービスを利用した場合は、超えた分が全額自己負担です。

　たとえば、要介護4の人の1割負担限度額は30万8060円ですから、35万円の居宅介護サービスを利用すると、4万1940円が超過分となり、これは全額自己負担となります。

　その結果、合計7万2746円（30万8060円×0.1＋4万1940円）かかります。

　なお、この金額は1単位10円で計算しています。

居宅介護サービスの支給限度額（月額）

(2014年5月現在)

要介護度	支給限度額	自己負担額 （1割負担分）
要支援1	5万30円	5003円
要支援2	10万4730円	1万473円
要介護1	16万6920円	1万6692円
要介護2	19万6160円	1万9616円
要介護3	26万9310円	2万6931円
要介護4	30万8060円	3万806円
要介護5	36万650円	3万6065円

※介護保険サービスの料金は、内容に応じて「単位数」で示され、この単位数は全国一律である。
1単位の単価は10円を基準とし、地域によって0%～18%の範囲で割増が行なわれる。

支給限度額を超えた場合の合計自己負担額

要介護4で居宅介護サービスを35万円利用したケース

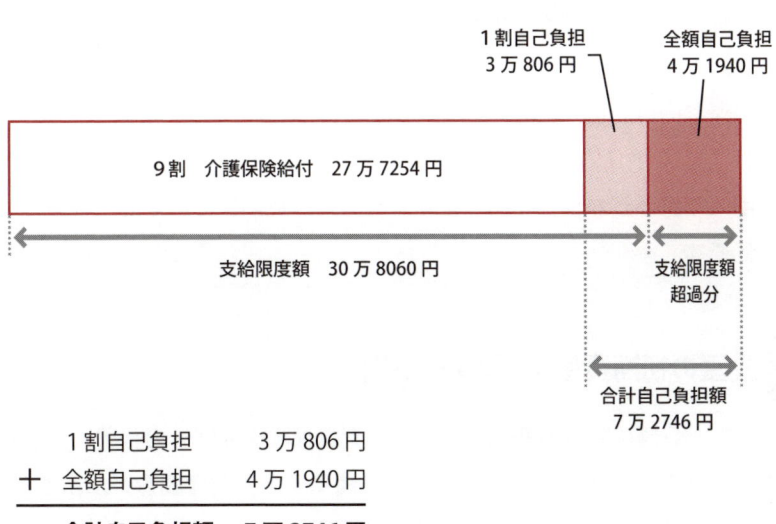

1割自己負担　3万806円
全額自己負担　4万1940円

9割　介護保険給付　27万7254円

支給限度額　30万8060円
支給限度額超過分

合計自己負担額
7万2746円

　　1割自己負担　　　3万806円
＋　全額自己負担　　　4万1940円
　　合計自己負担額　　7万2746円

第1章　あなたは「在宅派」？「施設派」？

025

06 介護費用はいくらくらい必要か？

ここがポイント！ 皆さんは、介護費用についてどう考えていますか？ 介護費用は、家族の介護力や身体状況により異なるので、一概に「いくらあれば足りる」とはいえません。

介護費用は「特に用意していない」が4割

　内閣府の『高齢者の健康に関する意識調査』で、「介護費用をまかなう方法」を見ると、**「特に用意しなくても、年金等の収入でまかなうことができると思う」**と答えた人は41.4％です。全体の4割以上の人が「何とかなるだろう」と楽観的に考えていることが読み取れます。

　実際は、介護費用まで手が回らないという人が相当数いると想像できます。

　問題なのは、「子どもからの経済的な援助を受けることになると思う」と答えた人が9.7％いることです。子ども世代は高齢者世代と異なり、雇用・年金不安が根強くあります。親の介護費用まであてにされるのは大変です。

介護の初期費用は「262万円」

　さて、介護にかかる費用（ここでは介護保険の範囲外の費用）ですが、生命保険文化センターの『生命保険に関する全国実態調査』によると、必要と考える初期費用の平均は**「262万円」**となっています。

　ここでいう「初期費用」とは、住宅改修や介護用品（要介護者用の靴、

介護費用をまかなう方法

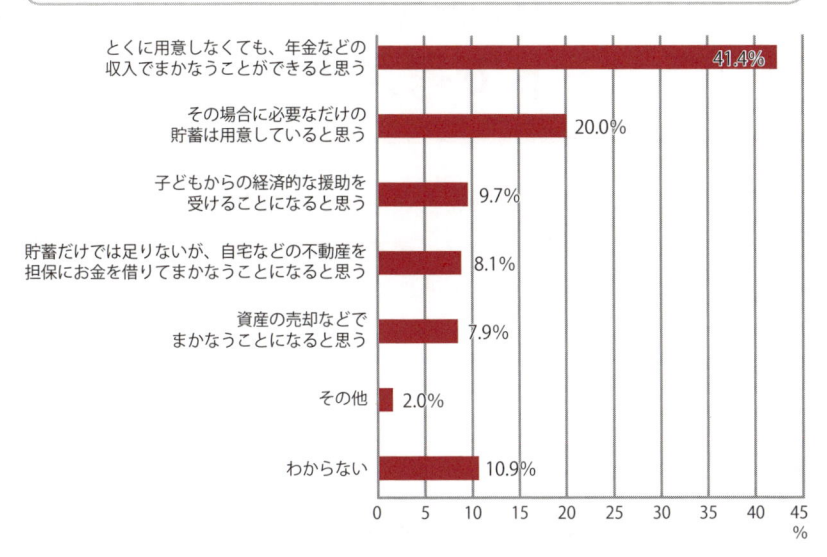

- とくに用意しなくても、年金などの収入でまかなうことができると思う　41.4%
- その場合に必要なだけの貯蓄は用意していると思う　20.0%
- 子どもからの経済的な援助を受けることになると思う　9.7%
- 貯蓄だけでは足りないが、自宅などの不動産を担保にお金を借りてまかなうことになると思う　8.1%
- 資産の売却などでまかなうことになると思う　7.9%
- その他　2.0%
- わからない　10.9%

資料出所：内閣府『高齢者の健康に関する意識調査』（2012年度）

要介護状態になった場合の必要資金（初期費用）

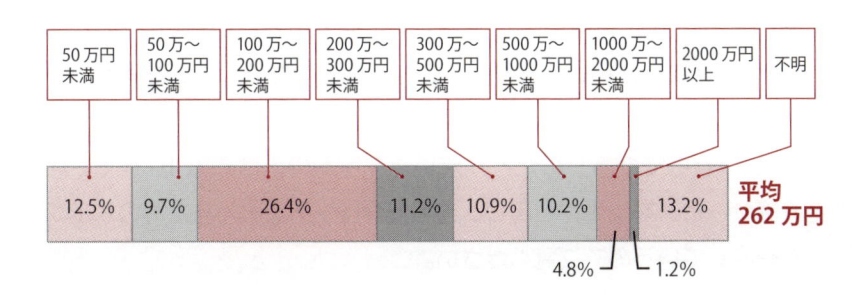

50万円未満	50万～100万円未満	100万～200万円未満	200万～300万円未満	300万～500万円未満	500万～1000万円未満	1000万～2000万円未満	2000万円以上	不明
12.5%	9.7%	26.4%	11.2%	10.9%	10.2%	4.8%	1.2%	13.2%

平均 262万円

資料出所：生命保険文化センター『生命保険に関する全国実態調査』（2012年度）

前空きの衣類など）の用意にかかる費用のことです。

　これは、あくまでも初期費用です。家族の介護力や身体状況により介護の方法が異なるので、一応の目安として考えてください。

07 あなたの高齢期の住まいは？（チャートで考える）

ここがポイント！ もし、介護が必要になったら、あなたの高齢期の住まいはどこがピッタリなのでしょうか？ まずはチャートでイメージを膨らませてみましょう。

在宅派 VS 施設派

　皆さん、介護が必要になったときを想像してみてください。**「在宅派」（自宅で介護）**でしょうか？ それとも**「施設派」（施設に住みかえ）**でしょうか？

　「まだそんなことはわからない」という人は、周囲で介護を受けている人を自分に置き換えて、イメージを膨らませてみましょう。

　右のチャートを利用すると便利です。自分自身に照らし合わせて、「こういうところがいい」とか「ここは不十分である」などを考えながら、高齢期の住まいを探し当ててください。

　なお、「自宅で介護」にたどり着いた在宅派の人は、第10章で、居宅介護サービスを上手に利用し、自宅で介護生活をおくるためのポイントを紹介しているのでご覧ください。

介護の不安を"見える化"

　高齢期は介護や医療の不安がつきものです。その不安は漠然としているため、どこかモヤモヤがぬぐいきれません。

　しかし、介護が必要になれば家族でどこまで介護できるのか、それが

介護が必要になったとき、あなたにフィットするくらしは、どこで？　どう？

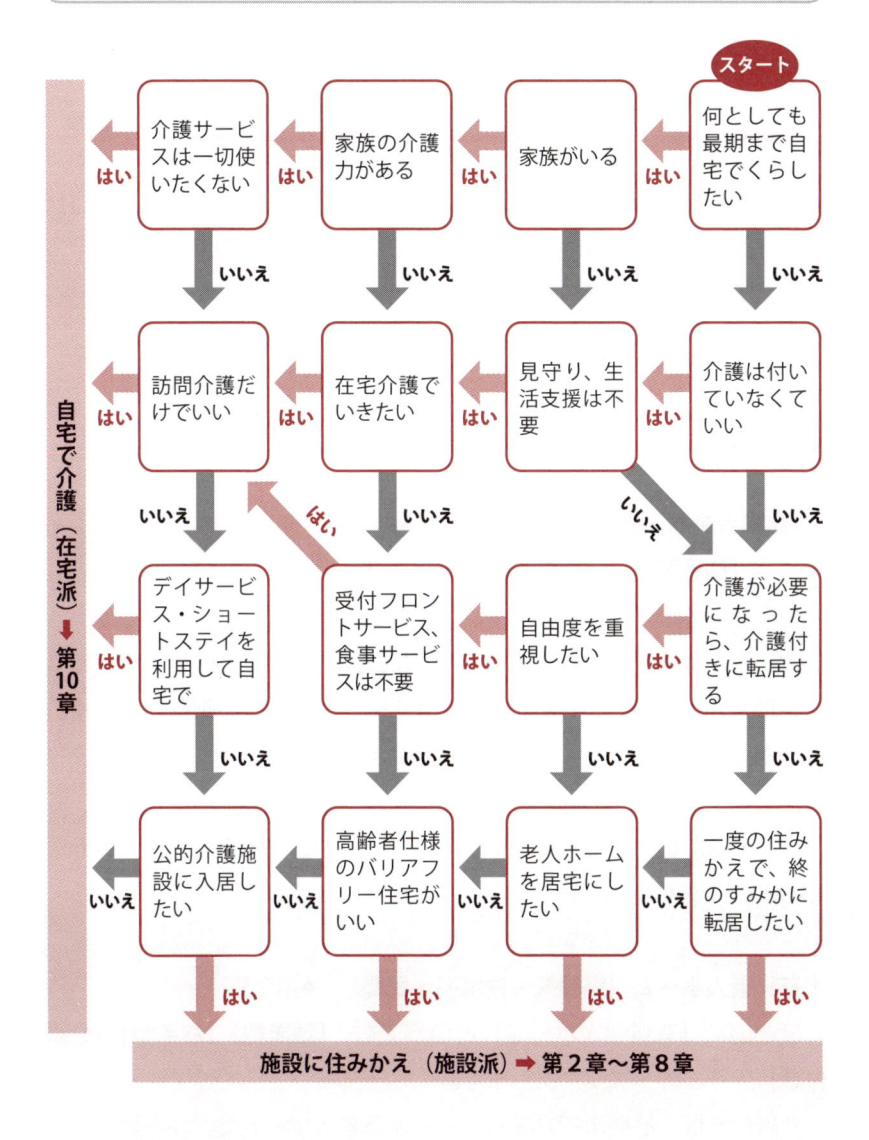

第1章　あなたは「在宅派」？「施設派」？

スタート

- 何としても最期まで自宅でくらしたい
  - **はい** → 家族がいる
    - **はい** → 家族の介護力がある
      - **はい** → 介護サービスは一切使いたくない
        - **はい** → 【自宅で介護（在宅派）→ 第10章】
        - **いいえ** → 訪問介護だけでいい
      - **いいえ** → 在宅介護でいきたい
        - **はい** → 訪問介護だけでいい
        - **いいえ** → 受付フロントサービス、食事サービスは不要
    - **いいえ** → 見守り、生活支援は不要
      - **はい** → 在宅介護でいきたい
      - **いいえ** → 受付フロントサービス、食事サービスは不要
  - **いいえ** → 介護は付いていなくていい
    - **はい** → 見守り、生活支援は不要
    - **いいえ** → 介護が必要になったら、介護付きに転居する

- 訪問介護だけでいい
  - **はい** → 【自宅で介護（在宅派）→ 第10章】
  - **いいえ** → デイサービス・ショートステイを利用して自宅で
    - **はい** → 【自宅で介護（在宅派）→ 第10章】
    - **いいえ** → 公的介護施設に入居したい
      - **いいえ** → 【自宅で介護（在宅派）→ 第10章】
      - **はい** → 【施設に住みかえ（施設派）→ 第2章～第8章】

- 受付フロントサービス、食事サービスは不要
  - **はい** → 在宅介護でいきたい（戻る）
  - **いいえ** → 自由度を重視したい
    - **はい** → 老人ホームを居宅にしたい
    - **いいえ** → 高齢者仕様のバリアフリー住宅がいい

- 介護が必要になったら、介護付きに転居する
  - **はい** → 一度の住みかえで、終のすみかに転居したい
  - **いいえ** → 老人ホームを居宅にしたい

→ **施設に住みかえ（施設派）→ 第2章～第8章**

かなわない場合はどんな施設があり、どのように選択すればいいのかをこれから本書で詳しく解説していくので、その不安は相当小さくなるはずです。

08 高齢者施設・住宅の種類は？

ここがポイント! 「施設に住みかえ」にたどり着いた「施設派」のあなた。介護施設・高齢者向け住宅にはどのようなものがあるのでしょうか？　その種類は多岐にわたり、かなり複雑です。

施設系と住宅系

　「高齢者施設・住宅」は多岐にわたり、かなり複雑ですが、大きく分けると「施設系」と「住宅系」があります。

　住宅系は介護が付いておらず、施設系は介護が付いているという大きな違いがあります。「介護が付いていない」とは、介護は外部サービスを利用するもので、「介護が付いている」とは、施設の職員から直接介護を受けられるものです。それぞれ、公的なものと、民間のものがあります。

　住宅系は終いのすみかになりにくいのですが、施設系は終のすみかになるところがあります。

①**有料老人ホーム（施設系・住宅系・民間）** ➡第2章

　ひと口に「有料老人ホーム」といっても、「健康型」「住宅型」「介護付き」の3つのタイプがあります。

　介護付きは、最期まで介護してもらえる老人ホームで、住宅型は、介護が付いていませんが、食事など、高齢者にうれしい介護以外の生活支援サービスが付いている老人ホームです。

　健康型は、自立者を対象とした老人ホームで、介護が必要になると退

施設系と住宅系

施設系……介護が付いている
- 介護付き有料老人ホーム
- グループホーム
- ケアハウス・介護型
- 特別養護老人ホーム
- 介護老人保健施設（老人保健施設）
- 介護療養型医療施設（介護療養病床）

住宅系……介護は付いていない
- 住宅型有料老人ホーム
- サービス付き高齢者向け住宅（サ高住）
- シニア向け分譲マンション
- ケアハウス・自立型
- シルバーハウジング

※本書では、業務内容から見て、ケアハウス、シルバーハウジング、特別養護老人ホーム、老人保健施設、介護療養病床を「公的施設」とする。

去しなければなりません。数も非常に少ないので、本書では取り上げません。

②グループホーム（施設系・民間） ➡第3章

認知症の人のための施設です。身の回りのことができる要支援2以上の人が5～9人で、1つの家族のように家事を分担しながら共同生活をおくります。

③サービス付き高齢者向け住宅（住宅系・民間） ➡第4章

現在、急増しているバリアフリー賃貸住宅です。見守りサービスと生活相談サービスが付帯要件です。住宅ごとに、食事などのサービスがオプションで付いています。介護は外部サービスを利用します。

④シニア向け分譲マンション（住宅系・民間） ➡第5章

高齢期をすごしやすいように設計された分譲マンションです。一般の

マンションよりも共用施設が充実していたり、高齢者にうれしいサービスが付いていたりすることから、販売価格、管理費は高めです。
　介護は外部サービスを利用します。

⑤ケアハウス（施設系・住宅系・公的）　➡第6章
　「軽費老人ホーム」（老人福祉法に基づく老人福祉施設）の一種で、**「自立型」**と**「介護型」**があります。
　自立型では、介護は外部サービスを利用します。介護型は終のすみかになるところがあります。

⑥シルバーハウジング（住宅系・公的）　➡第7章
　高齢者向けにバリアフリー設備を施した公営住宅です。既存の公営住宅の一部分をバリアフリー改修してあてたところもあります。「ライフサポートアドバイザー」という生活援助員が相談に乗り、世話をしてくれます。

⑦特別養護老人ホーム（施設系・公的）　➡第8章
　要介護1以上の人（**2015年4月から要介護3以上の人になる予定**）が入居可能な、終のすみかになる人気の施設です。待機者が多く、2〜3年待ちのところも少なくありません。

⑧介護老人保健施設（施設系・公的）　➡第8章
　「自宅と病院の中間施設」といわれ、3〜4か月間、リハビリを行ないながら在宅復帰をめざす施設です。終のすみかにはなりません。

⑨介護療養型医療施設（施設系・公的）　➡第8章
　病状が安定し、長期にわたる療養や介護が必要な人が入院する病院のベッドです。寝たきりなどの重度の人が多く、経管栄養を利用している人も見られます（**2017年度末で廃止の予定**）。

各施設・住宅に付帯するサービス

高齢期の住まいごとに付帯するサービス（**医療・看護・介護・見守り・食事**）をまとめたのが下の図です。

なお、住宅型有料老人ホーム、サービス付き高齢者向け住宅、シニア向け分譲マンションなどには介護は付いていませんが、外部サービスを利用することで住み続けることができるため、"二段構え"に表示しています。

高齢期の住まいと付帯するサービス

◆住まい……自宅、施設系、住宅系
◆サービス……医療・看護・介護・見守り・食事
　見守り＝生活支援サービス（緊急通報、安否確認、相談など）

類型	住まい	医療	看護	介護	見守り	食事
自宅	自宅					
施設系	◇介護付き有料老人ホーム		(★)	★	★	★
施設系	◇グループホーム			★	★	★
施設系	◆ケアハウス・介護型			★	★	★
施設系	◆特別養護老人ホーム		(★)	★	★	★
施設系	◆介護老人保健施設	★	★	★	★	★
施設系	◆介護療養型医療施設	★	★	★	★	★
住宅系	◇住宅型有料老人ホーム				★	★
住宅系	◇サービス付き高齢者向け住宅				★	(★)
住宅系	◇シニア向け分譲マンション				★	(★)
住宅系	◆ケアハウス・自立型				★	★
住宅系	◆シルバーハウジング				★(日中)	

◆ 公的　◇ 民間　　基本　　施設により可能性あり

09 「介護度」と「費用」で住みかえ先をイメージ

ここがポイント! 実際にどのようなタイプの施設・住宅に住みかえるかは、「要介護度」を横軸に、「費用」を縦軸にとった"鳥瞰図"が参考になります。

「介護度」と「費用」で決まる

右の**"鳥瞰図"**を見てください。高齢者施設・住宅を、座標軸で位置づけたものです。

横軸は**「要介護度」**です。一番左側は自立の人がくらすところです。右に行くほど要介護度が高くなり、一番右側は要介護5の人がくらすところになります。

縦軸は**「費用」**です。上に行くほど費用が高くなり、お金がかかることを表わしています。

介護費用をある程度用意できないと、これから考えていく高齢者施設・住宅の選択の土俵に乗れなくなります。

身体状況と経済状況により、選択肢は絞られるといえるでしょう。

たとえば、サ高住は、基本的に介護は付いていないため、「軽介護〜中介護」の位置ですが、建物内にテナントとして定期巡回・随時対応型訪問介護看護を行なう介護サービス事業所が入り、介護を受けやすくしたところは、重介護になってもくらし続けられないわけではありません。

この枠から外れるところもあるので、あくまでも一応の目安として考えてください。

高齢者施設・住宅の"鳥瞰図"

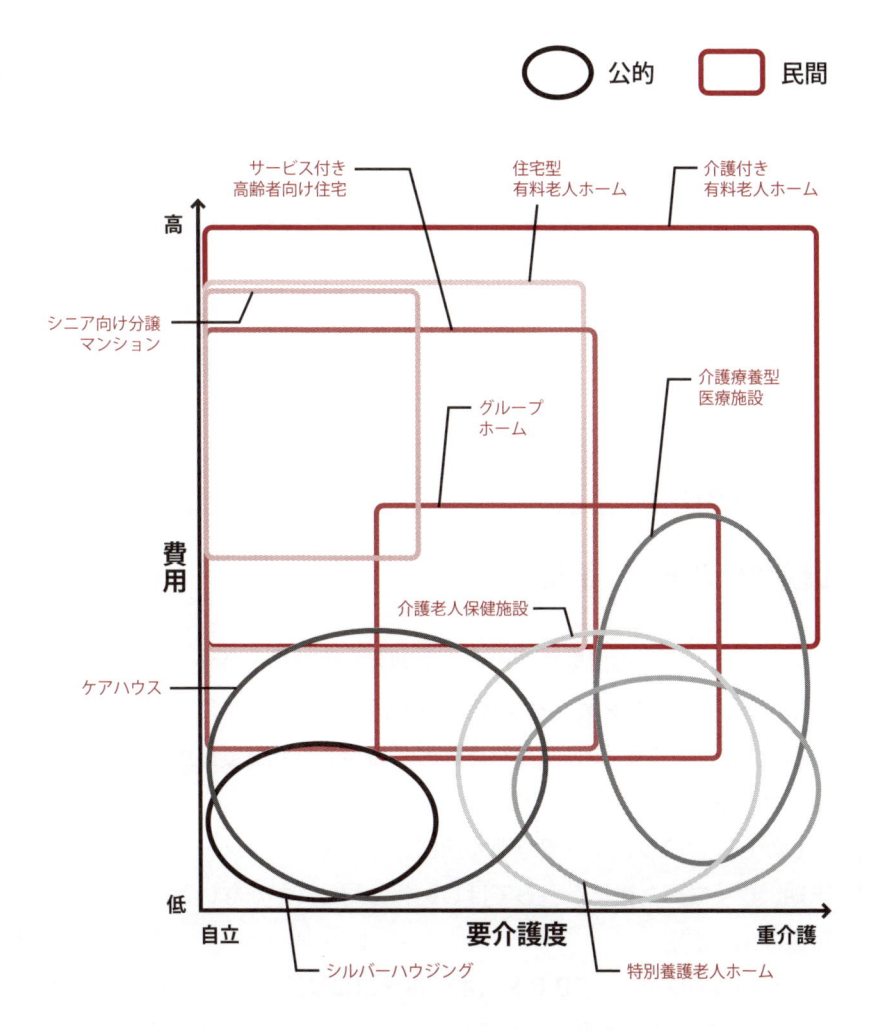

○ 公的　□ 民間

縦軸：費用（高〜低）
横軸：要介護度（自立〜重介護）

- サービス付き高齢者向け住宅
- 住宅型有料老人ホーム
- 介護付き有料老人ホーム
- シニア向け分譲マンション
- グループホーム
- 介護療養型医療施設
- 介護老人保健施設
- ケアハウス
- シルバーハウジング
- 特別養護老人ホーム

第1章　あなたは「在宅派」？「施設派」？

035

▍「私の場合」を考える

　家族の介護力を前提に、「どのような高齢期をすごしたいか、介護生活をおくろうか」というイメージが少しずつ固まってきたと思います。

　近い将来、選択を迫られる人生のターニングポイントがやって来ます。

　すべての希望を満たすことはできないかもしれません。その場合、「これだけは外せない」「できれば避けたい」という条件があるはずです。それらを加味して、**「私の場合」**を考えることが重要です。

　そのために、次章以降で、高齢者施設・住宅のタイプごとに、それぞれのメリットやデメリットを詳しく見ていきます。

Column 1

最期は"PPK"を希望？

　皆さんは、人生の最期をどのように迎えたいでしょうか？　よくいわれているのが、**"PPK（ピンピンコロリ）"**です。家族に迷惑をかけず、コロリと逝きたい。同じような意味の**"GNP（元気で長生き、死ぬときはポックリ）"**というものもあります。

　しかし、コロリ、ポックリ逝く前に、エンディングノートなどに「終末期、亡くなった後にこうしてほしい」と記しておかないと、残された家族は困ります。

　そういう意味では、**"BBK（ボチボチコロリ）"**がいいかもしれません。「もうそろそろお迎えが来るのかなあ」と、老い支度を万全に整えておいて、亡くなるときは苦しまずにコロリ。

　高齢者施設・住宅への住みかえなど、老いの段取りを行ないながら、安心して、自分らしい人生の最終章をおくりたいものです。

第2章

施設の一番手！
「有料老人ホーム」

10 有料老人ホームの主なタイプ

ここがポイント！ 有料老人ホームは独特なしくみを持つ施設です。ここでは、「住宅型」と「介護付き」を紹介します。聞き慣れない難解な用語も多いので、しっかり押さえておきましょう。

有料老人ホームの定義と種類

「**有料老人ホーム**」とは、簡単にいえば「1人以上の高齢者を入居させ、食事、介護、家事援助、健康管理のいずれかのサービスを提供する施設で、老人福祉施設ではないもの」で、「**老人福祉法**」の第29条で細かく規定されています。

有料老人ホームの事業者は民間企業や社会福祉法人などですが、厚生労働省の管轄の下、認可権を持つ「**都道府県**」への届け出を経て設置されています。「**クーリングオフ制度**」「**入居一時金の保全措置**」（74ページ参照）など、高齢者が安心してくらせるような規定があります。

2012年の有料老人ホームの数は全国に7500か所以上あり、31万人超が入居しています。なお、入居者の平均年齢は約84歳です。

前にもふれましたが、「住宅型」や「介護付き」の有料老人ホームがあります。

● **住宅型有料老人ホーム**

「**住宅型**」は、高齢者にうれしい食事サービスや生活支援サービスが付いていますが、介護は外部サービスを利用します。

「**訪問介護**」「**デイサービス**」を利用すれば、住み続けることは可能で

す。しかし、重介護になるとむずかしくなります。

●介護付き有料老人ホーム

「介護付き」は、「特定施設入居者生活介護（特定施設）」の指定を受けた施設で、皆さんがイメージする「いつでも介護してもらえる、最期まで居られる老人ホーム」です。

特定施設入居者生活介護とは、その特定施設に入居している要介護者に対して、介護サービス計画に基づき、入浴や排泄、食事などの介護、その他の日常生活上・療養上の世話、機能訓練をすることを指します。

介護付きには「一般型特定施設入居者生活介護」と「外部サービス利用型特定施設入居者生活介護」があります。施設の職員が直接介護してくれるのは前者です。後者は、ケアプランの作成、安否確認、生活相談は施設の職員が行ない、介護は委託を受けた外部の介護サービス事業所が行ないます。

外部サービス利用型特定施設入居者生活介護は数が少ないため、本書では「介護付き＝一般型特定施設入居者生活介護」として説明します。

また、入居時の身体状況により、介護付きは「入居時自立型」「介護型」「混合型」に分かれます（56ページ参照）。

「住宅型」「介護付き」の有料老人ホーム

	住宅型	介護付き
入居時の身体状況	自立・要支援・要介護	入居時自立型：自立 介護型：要支援・要介護 混合型：自立・要支援・要介護
食事	あり	あり
介護	なし（外部サービスを利用）	あり
終のすみかに？	なりにくい	なる

※「60歳以上」「65歳以上」など、年齢の要件は施設によって異なる。

11 有料老人ホームに付帯するサービスは？

> **ここがポイント！** 有料老人ホームに入居すると、高齢者にはうれしい食事サービスや、掃除や洗濯、健康管理などの生活支援サービスが受けられます。

食事サービス

　入居者の食事は、適切な時間に提供されるだけでなく、栄養面や本人の希望に配慮した献立をもとに、健康状態や咀嚼能力に応じた **「介護食」**（ソフト食・刻み食、ミキサー食）、糖尿病などの **「治療食」** が提供されています。

　施設によって、オプション（有料）ですが、**「ソフト成形食」**（調理した食材を1度砕き、再度その食材の形に成形し、見た目は普通食と変わらない、手の込んだソフト食）が提供されるところもあります。

　誰が食事（厨房）を担当するかは、各施設でさまざまです。

- 有料老人ホームの職員が直接つくる。
- 契約業者が厨房を預かってつくる。
- 配食業者に依頼し、厨房で温める程度。

　なお、有料老人ホームでは、管理者（施設長）、事務職員、生活相談員、介護士、看護師、機能訓練指導員、ケアマネジャー、調理員、栄養士など、施設のタイプやサービス内容に見合った職員を配置することになっています。

| 有料老人ホームの1日（例） |

6:30	起床　着替え
7:30	朝食
9:00	バイタル（健康）チェック
10:00	入浴・体操・レクリエーション
12:30	昼食
13:30	清掃
14:00	レクリエーション・休息
15:00	おやつ
17:30	夕食
20:30	就寝

健康管理サービス

　有料老人ホームでは、朝夕の体温・血圧・脈拍などのバイタル（健康）チェック、服薬管理、健康相談が行なわれています（自立者は任意）。また、提携している医療機関により、健康診断（年2回）を受けられます。

　病院への送迎ですが、多くの施設で、提携している医療機関までは無料です。

　ただし、院内の付き添いはオプションのところが多くなっています。重介護や認知症になれば、「受付」「順番待ち」「問診票の記入」「受診」「医師との応答」「会計」「薬の受領」などは困難です。オプションで、施設の職員に付き添ってもらうか、外部のヘルパーに依頼しなければなりません。

家事サービス（掃除・洗濯など）

　食堂やリビングなどの共用スペースはもちろん、居室は週に1～2回掃除をしてもらえます。掃除機をかけ、ほこりを拭き、水回りを清拭する程度ですが、それほど汚れないので困ることはありません。

　もちろん、排泄の失敗時はすぐぬぐってもらえます。個人的に掃除を頼みたい場合は、オプションで依頼することが可能です。

　週1回のシーツ交換（リネン交換）もあります。

　衣類の洗濯は、居室内の洗濯機、施設内のコインランドリー、外部のクリーニング業者（委託）など、施設によってさまざまです。施設で着用する服や下着は洗濯してもらえても、セーターやコート類（ドライクリーニングが必要なもの）は洗濯してもらえないなど、オプションかどうかも含め、施設ごとに異なります。

レクリエーションサービス

　午前・午後の時間帯には、食堂やリビングなどでみんなで楽しみながら心身を活性化していくレクリエーション（**アクティビティ**）が行なわれています。

　レクリエーションには大きく分けて、入居者が単調な生活に退屈しないようにするための**「季節ごとのイベント」**と、頭や身体を動かし、認知症の予防や進行の抑制を図るための**「日常的なリハビリ」**があります。

　全員強制参加ではありませんが、無料のものと有料のものがあり、入居者は好きなものに参加しています。

　また、入居者による**「サークル活動」**が活発な施設もあります。

　有料老人ホームでは特にすることがなく、食事や入浴以外はテレビを観たり、ベッドで横になっていたりするだけの人も見られます。体調によりますが、自室にこもってばかりいるのは認知症の進行にもつながりかねません。職員が無理強いをしない程度に誘導しています。

> レクリエーションの例

季節ごとのイベント

夏祭り

餅つき大会

クリスマスパーティ

お花見や紅葉狩りなど
バスで遠出
（※車での外出が可能な場合）

日常的なリハビリ

歌

脳トレ・筋トレ

サークル活動

書道	俳句	陶芸	絵画	手芸	フラワーアレンジメント	
囲碁	麻雀	コーラス	カラオケ	社交ダンス	フラダンス	
ヨガ	卓球	ビリヤード	テニス	ゲートボール	など	

第2章 施設の一番手！「有料老人ホーム」

12 有料老人ホームの「入居一時金」「月額費用」

ここがポイント! 「有料老人ホームは高い」というイメージが先行しています。実際のところ、どうなのでしょうか？ 費用は「入居一時金」と「月額費用」の2本立てで考えていきます。

▍入居一時金はさまざま

「入居一時金」とは、入居時に一括で支払う**"前払家賃"**などのことです。その金額は施設によって大きく異なり、ゼロから数億円までさまざまですが、100万円未満と300万円〜1000万円台が比較的多く見られます。

この入居一時金は、近隣相場および賃料を基礎として算定した家賃相当額がベースになることが多いので、東京都や神奈川県では概して高額となっています。

なお、介護付き有料老人ホームは、介護分を月額費用にプラスして支払う場合と、**「介護一時金」**などの名目で入居時に一括で支払う場合があります。後者の場合、定額の介護費用で、最期まで手厚い介護が受けられます。

入居一時金の支払方法には次のようなものがあり、施設ごとに決められています。

・一時金払方式

前払家賃である入居一時金を初めにまとめて支払うため、月額費用は比較的安くすむ方式。

入居一時金の金額（各施設の最高額）

（件数）を左軸、4都県合計の施設数を右軸とする複合グラフ。横軸は入居一時金の金額帯：100万円未満、100万円台、200万円台、300万円台、400万円台、500万円台、600万円台、700万円台、800万円台、900万円台、1000万円台、2000万円台、3000万円台、4000万円台、5000万円台。棒グラフは埼玉県・千葉県・東京都・神奈川県の件数、折れ線は4都県合計の施設数。1000万円台で折れ線が突出（約260）。

資料出所：内閣府『有料老人ホームの契約に関する実態調査報告』（2010年度）

※埼玉・千葉・東京・神奈川の4都県の有料老人ホーム（1357施設）に限定し、その最高額をグラフ化しているため、全国平均額よりもかなり高額になっている。

入居一時金の支払方式

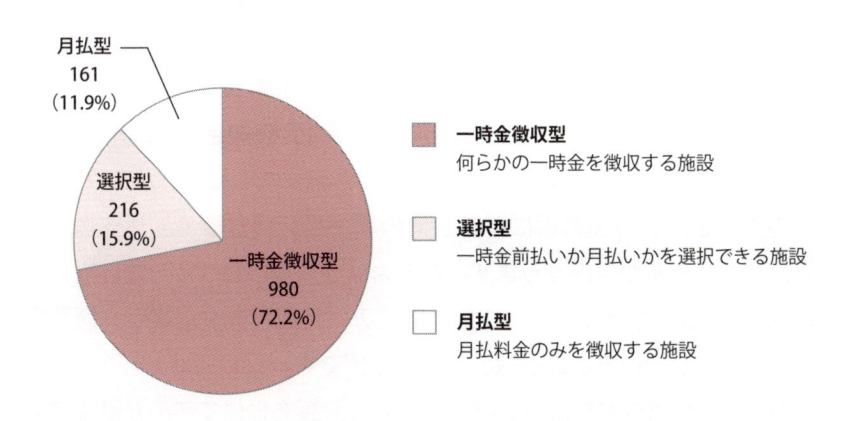

- 一時金徴収型　980（72.2％）
- 選択型　216（15.9％）
- 月払型　161（11.9％）

一時金徴収型
何らかの一時金を徴収する施設

選択型
一時金前払いか月払いかを選択できる施設

月払型
月払料金のみを徴収する施設

資料出所：内閣府『有料老人ホームの契約に関する実態調査報告』（2010年度）

※調査対象は、埼玉・千葉・東京・神奈川の4都県の有料老人ホーム1357施設。

- **月払方式**

　前払金を支払わず、毎月、家賃相当額を支払う方式。

- **併用方式**

　初めの入居一時金を少なめに支払い、残りを毎月、月額費用に上乗せして支払う方式。初めにいくら支払うかにより、いくつかの支払いプランがある。

　その他、複数の支払いプランから選択する方式（**選択方式**）もあります。

　近年、介護付き有料老人ホームで「**入居一時金がゼロ**」という施設が増えていますが、これは「**月払方式**」です。

月額費用もさまざま

　「**月額費用**」とは、有料老人ホームに入居している限り、毎月かかるランニングコストのことです。「**管理費**」「**家賃**」「**食費**」などです。

　実際は、これらの他に「**生活費**」がかかります。光熱水費、電話代、被服費、交際費、理美容代、外食費など、個人的な支払いです。

　介護が必要になると、要介護度に応じて「**介護費用**」（1割負担分）がかかります。「**オムツ代**」や「**医療費**」も必要になることがあります。

　施設ごとに、月額費用にどこまでのサービス（食事・生活支援・介護）が含まれるかは異なります。たとえば、食費は食べた分だけ支払う（別払い）施設もあります。また、施設の維持運営費や上乗せ介護費用を別途計上しているところなど、さまざまです。

　もともと介護保険制度は、最低限必要な介護を提供するのが基本です。より快適な介護を求める場合、介護保険の規定以上のサービス分は「**上乗せサービス**」を利用するという見解です。この上乗せサービス分は、上乗せの職員の人件費として月額費用に反映され、高額になる要因の1

有料老人ホームにかかる費用

入居一時金　施設によって異なる。最近は「入居一時金ゼロ」のところも増えてきている。

＋

月額費用

管理費
家賃　（一時金払方式では、前払いなのでかからないことがある）
食費
生活費

介護費用　（介護が必要になったとき、1割負担分）
オムツ代
医療費　（医療が必要になったとき）

つになっています。

また、送迎バス、買い物同行など、オプションの **「横出しサービス」** もあります。

有料老人ホームの費用のしくみは複雑なので、どんな場合にどういう費用が必要なのかという確認が必要です。

利用権方式

有料老人ホームの契約形態の多くは **「利用権方式」** です。これは、入居時にまとまった金額を支払うことで、住まい（居室・共用設備）やサービス（食事・生活支援・介護）を利用する権利を得るものです。住まいとサービスが一体になった契約で、死亡をもって終了する一代限りの契約です。譲渡したり、相続したりすることはできません。

また、施設全体を利用する権利のため、入居者の体調が悪化したり、要介護度が上がったりすると、居室を移動させられたり、退去を求められたりすることがあります。

13 医療機関との連携はどうなっている？

ここがポイント! 有料老人ホームには、医療機関と連携し、「訪問診療」をしてもらえる施設があります。また、建物内にクリニックがある施設もあります。

医療的ケアは？

　有料老人ホームの中には、建物内にクリニックを併設するなど、医療との連携を密にし、医療依存度の高い高齢者でも安心して生活できるように配慮されている施設があります。

　有料老人ホームは、「**協力医療機関**」を定めることになっています。「**提携医療機関**」の場合は、「必要なときは優先的に入院できる」「医師が往診する」「リハビリを担当する」など、より関係を強化しているので、緊急対応が可能になっています。

　もし、入居前から外来受診をしているクリニックと施設が提携しているなら、安心感は高いでしょう。

　また、24時間対応の「**在宅療養支援診療所**」（236ページ参照）と契約し、「**訪問診療**」（月2回程度）を受けやすくしている施設もありますが、あくまで個別契約で、別途費用がかかります。

夜間看護師が常駐の施設は高額

　介護付き有料老人ホームでは、看護師の配置が義務づけられていますが、インシュリン投与や胃ろうなどが必要になれば、夜間看護師が常駐

医療機関との連携

体調不良
↓
看護師・介護士に申告
↓
看護師がチェック（体温・血圧など）
↓
必要であれば医師に連絡
提携医療機関に通院（看護師・介護士が同行）
↓
容態に応じて投薬・治療・入院
↓
経過観察・服薬管理

の施設でないとむずかしいでしょう。

　大手の施設の事業者が複数の施設を展開している場合は、夜間看護師が常駐する施設を各エリアに1〜2か所用意しているので、そこに転居ができます。ただし、夜間看護師が常駐する施設は人件費がかさむことから、費用が高額になります。

　脳卒中後の人はリハビリが必要です。しかし、リハビリ室があり、リハビリ技師が常駐する施設は少ないのが現状です。

　いずれにせよ、有料老人ホームは医療機関ではないので、医療が必要になると入院して治療を受けることになります。その間も、月額費用の一部は必要です。

14 住宅型有料老人ホームでは介護は外部サービスを利用

> **ここがポイント!** 住宅型有料老人ホームは、食事サービスや生活支援サービスが付いた施設です。しかし、介護は外部サービスを利用する必要があります。

自由で快適な高齢者向けマンション

「60歳以上」や「65歳以上」などの自立者が入居し、フロントサービスや生活支援サービスなどを受け、食事は食べたいときに好きなだけ食べられる。そんな**「住宅型有料老人ホーム」**は"自由で快適な高齢者向けマンション"といえます。

住宅型では、介護が必要になると外部サービスを利用しますが、自宅に居るときと同じで、介護サービスは利用した分を支払います。

住宅型の多くは、建物内に介護サービス事業所が入っていて、その事業所と契約して介護サービスを受けますが、それ以外の介護サービス事業所を利用することもできます。

軽介護の間は、介護保険の1割負担分の中でまかなえます。しかし、重介護になると、介護保険の上限を超えやすくなり、介護費用が高額になる傾向があります。

そのような場合、系列の介護付き有料老人ホームへ、入居一時金なしで転居できるところもあります。

住宅型か介護付きか、有料老人ホームを検討する場合は、後述するように、介護保険サービスの支払方法が異なる点を押さえておきましょう。

住宅型有料老人ホームでの生活

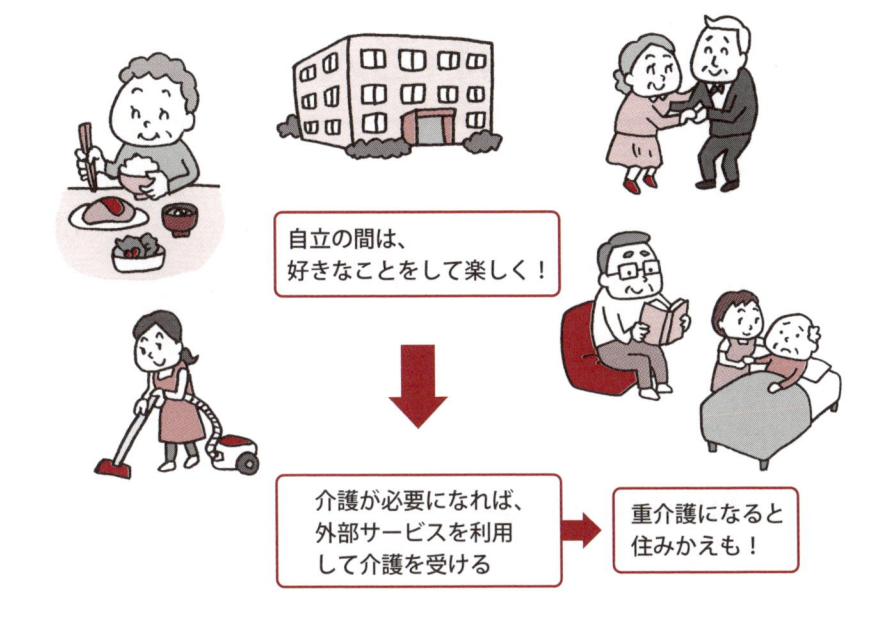

自立の間は、好きなことをして楽しく！

↓

介護が必要になれば、外部サービスを利用して介護を受ける → 重介護になると住みかえも！

住宅型の建設には「総量規制」の影響もある

　住宅型は、重介護になったときにどうするかが気になりますが、住宅型が建設される背景には地方自治体の財政事情があります。

　介護付きは、要介護者が入居すると同時に介護保険からの収入を得られる「特定施設入居者生活介護」の指定を受けた施設です。有料老人ホームの認可権を持つ都道府県は、介護付きが増えると、定額で介護サービス費がかかる（55ページ参照）ことから、介護保険の給付額が増えます。そのため、「総量規制」（入居者数）で、介護付きの建設をある程度抑えようとします。結果として、介護サービスを利用した分だけ支払う住宅型が建てられるケースがあります。

　ただし、介護保険の保険者である**「市区町村」**の方針や財政力の差が大きく、新規の介護付きが建てにくいところと、そうでないところがあります。途中で、住宅型から介護型に変更になる場合もあります。

15 終のすみかになる介護付き有料老人ホーム

ここがポイント！ 介護付き有料老人ホームは、定額でいくらでも介護が受けられる、終のすみかとなる施設です。介護体制は「3：1」（3人の要介護者を1人の職員で看る）以上です。

介護体制は「3：1」以上

「**介護付き有料老人ホーム**」に入居すれば、24時間、施設の職員から直接介護を受けられる環境を得られます。

その施設でどの程度手厚い介護が提供されるかは、「要介護者何人に対して1人の職員がつくか」という数字を見るとわかります。

介護付き有料老人ホームは**「特定施設」**（39ページ参照）であり、**「介護保険法」**が定める最低基準は**「3：1」**（要支援者は10：1）です。これは、「3人の要介護者を1人以上の職員で看る」という意味です。

要介護者が4人いれば、2人の介護職員が必要になります。

手厚い介護を謳っている施設は「2.5：1」「2：1」「1.5：1」のような比率となっています。

どんな職員がいるのか？

しかし、常時3人に1人以上の職員がついているわけではありません。施設の多くは、1日8時間、週5日（1週間に40時間）働く職員を1人として計算します。

各施設で、食事や入浴の時間は職員の配置を厚く、夜間は逆に薄くし

介護付き老人ホームの職員数の基準

介護士	入居者3人に対して1人以上
看護師	1人（常勤）以上
機能訓練指導員	1人以上
生活相談員	入居者100人対して1人以上
ケアマネジャー	1人以上

て人員を調整しています。

1人の職員が介護する人数が少なければ、散歩に連れて行ってもらえたり、ゆっくり話を聞いてもらえたりと、かゆいところまで手が届く十分な介護を受けられる環境に近くなるといえます。ただしその分、費用が高額になります。

なお、介護付き有料老人ホームでは、専属の**「ケアマネージャー」**がケアプランを立てて、それに基づいて介護が行なわれます。

入浴・排泄の介護は？

入浴の介護ですが、軽度であれば見守りで大丈夫ですが、中度から重度になると職員に入れてもらうのが一般的です。寝たきりの人は**「機械浴」**を利用します。

「3：1」以上の介護体制の施設では、入浴は週2回が基本です。それ以上の入浴を希望する場合はオプションとなります。ただし、「2.5：1」「2：1」「1.5：1」など、手厚い介護を行なう施設では、週3回が多くなっています。

排泄の介護はどうでしょうか。一人ひとりの身体のリズムがあるので、自分のタイミングでトイレに行くのがベストです。職員はトイレタイムを見計らい、定期的に誘導します。自力で排泄ができなくなると、オムツへ転換することになります。

その他、寝たきりの人には褥瘡（床ずれ）をつくらないように、定期的に体位交換が行なわれています。

全室個室・ユニットケア方式

介護付き有料老人ホームの居室は**「個室」**が基本ですが、**「ユニットケア方式」（ユニット型個室）**も増えてきています。

10人程度を1つの生活単位（ユニット）として、食堂などを中心に個室が配置されています。「昼間は食堂で、休むときは個室で」というように使い分けられ、食事やレクリエーション、介護は少人数でなじみの関係の中で行なわれます。

浴室は、ユニットケア方式ではユニットごとにあります。ただし、機械浴はユニットごとにあるわけではなく、共有のため、順番に使用します。

ユニットケア方式は、職員はいつも同じ顔ぶれで、一人ひとりと向き合う介護をしていくことから、認知症の人に適しているといえます。一

ユニット型個室・個室・多床型

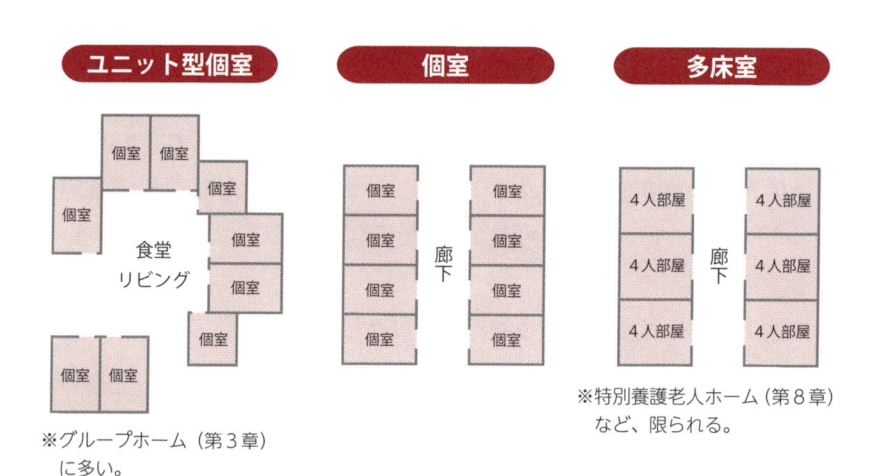

ユニット型個室
食堂リビング／個室多数
※グループホーム（第3章）に多い。

個室
個室が廊下沿いに並ぶ

多床室
4人部屋が廊下沿いに並ぶ
※特別養護老人ホーム（第8章）など、限られる。

方で、「2.5：1」「2：1」「1.5：1」などの手厚い介護体制をとることになり、費用は高くなります。

介護費用は1割を自己負担

　介護付き有料老人ホームの月額費用は施設・タイプによってかなり差があり、一概にいえませんが、そのうち、介護費用は要介護度別に決められていて、「定額」です。

　職員がどれだけ居室に訪問しても、要介護3の人は全員同じ金額で、その1割分を自己負担します。

　介護保険料は地域によって異なります。人件費などのコストが高い東京都や神奈川県では割高になっています。

　なお、介護付き有料老人ホームの入居一時金は、やはり施設・タイプによって異なり、ゼロを除くと、数十万円～数千万円と幅があります。中には数億円に及ぶところもあります。

　住宅型の入居一時金は、数十万円～数千万円が目安です。

介護付き有料老人ホームの介護サービス費（定額）

（2014年5月現在）

要介護度	月額介護サービス費	自己負担額（1割負担分）
要支援1	5万9100円	5910円
要支援2	13万6800円	1万3680円
要介護1	16万9200円	1万6920円
要介護2	18万9600円	1万8960円
要介護3	21万1500円	2万1150円
要介護4	23万1900円	2万3190円
要介護5	25万3200円	2万5320円

※1単位＝10円。基準値であり、地域により異なる。

16 介護付き有料老人ホーム VS 住宅型有料老人ホーム

> **ここがポイント！** 介護付きの場合、定額で、直接職員から介護を受けられますが、入居時の身体状況により、3つのタイプに分けられます。住宅型の場合は、介護は外部サービスを利用します。

介護付き有料老人ホームには3つのタイプがある

入居時の身体状況により、介護付き有料老人ホームは次の3つのタイプに分けられます。

①入居時自立型

介護付き有料老人ホームというと、要介護の人が生活するところをイメージするかもしれません。「入居時自立型」は、入居時に自分の身の回りのことができる人しか入居できません。

②介護型

「介護型」は、入居時に介護の必要な人が、介護を受けるために入居するところです。そのため、質の良い介護を受けられることが重要になってきます。

近年、「入居一時金ゼロ」の有料老人ホームが増えてきましたが、それはこの介護型です。

③混合型

入居時に、自立でも要介護・要支援でも入居できるのが「混合型」で

介護付き有料老人ホームの種類

入居時自立型

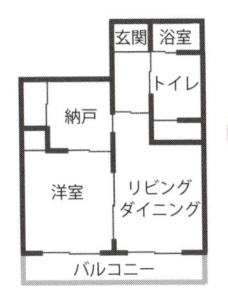

居室が広い

介護型・混合型

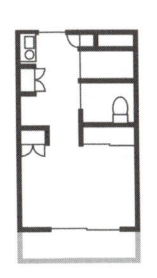

居室が狭い

	入居時自立型	介護型	混合型
居室面積（13㎡以上）	広め	狭い	狭い〜広い
居室に浴室	あり	ない	ないことが多い
共用設備	多種多様	少ない	少ないことが多い
入居一時金	数百万〜数億円	0〜数千万円	0〜数千万円
介護一時金	あることが多い	なし	なし
月額費用	低〜中程度が多い	低〜高	低〜高
雰囲気	華やか	静か	静かなところが多い

第2章 施設の一番手！「有料老人ホーム」

す。夫婦の一方が要介護、もう一方が自立の場合に、2人そろって入居できます。

「住宅型」と「介護付き」を比較すると……

繰り返しますが、住宅型と介護付きの有料老人ホームの違いは、「介護が付いているかどうか」です。住宅型は外部サービスを利用するので、介護は「契約した時間だけ」「居室に来てもらったときだけ」です。

住宅型有料老人ホームと介護付き有料老人ホームの比較

	介護付き		住宅型
	入居時自立型	介護型・混合型	
設備やレクリエーションが充実している	○	×	△
要介護者向けの設備が充実している	○	○	×
重度の介護状態でも住み続けられる	○	○	×
医療ケアに対応する施設が多い	○	○	△
介護状態でも入居が可能	×	○	△
認知症でも入居が可能	×	○	△
介護が付いている	○	○	×
要介護度が上がると介護費用が割高になる	×	×	○
集団生活のルールに縛られない	△	×	△

Column 2

「看取り」が可能な施設が増えている

　最近は、お一人様高齢者の不安解消に合わせて、「看取りも対応」と謳っている有料老人ホームが増えてきました。

　この背景には、胃ろうなどの延命治療を希望せず、基本は痛みを抑える緩和治療だけで、居室のベッドで息を引き取りたいと考える人が増えていることがあります。

　施設で自然死（尊厳死）するには、救急車を呼ばず、看取りをしてもらう在宅療養支援診療所の医師、看護師、介護士、施設長と、事前に本人、家族が十分に相談し、できれば看取り介護についての同意書を交わしておくことが大切です。

　もちろん、本人や家族は気持ちが揺れて、途中で病院へと変更することがあるかもしれませんが、それは可能です。

　有料老人ホームの中には、家族がゲストルームなどに泊まり込み、介護士と一緒に看取りを行なえるところもあります。

　今後、高齢者施設における看取り介護のニーズはますます高まっていくと考えられます。

17 介護付き有料老人ホーム・入居時自立型はこんなところ

> **ここがポイント!** 有料老人ホームの中でも、介護付きは入居一時金が高額になることが多いですが、「入居時自立型」では自立者はシニアライフを謳歌し、介護が必要になってもそのままくらせます。

介護が必要になっても住みかえが不要

「介護付き有料老人ホーム・入居時自立型」は、有料老人ホームの中で最も豪華な施設です。入居時に数千万円かかる場合がありますが、介護が必要になれば施設の職員から国の基準以上の手厚い介護（「2.5：1」「2：1」「1.5：1」など）を最期まで受けられることが魅力です。

富裕層を中心に、子どものいない夫婦や、独身を貫いてきた人、パートナーに先立たれ、夫の生命保険金でさみしくない老後をおくりたい女性、食事づくりに自信がない男性などに支持されています。

自立のあいだに最期までくらせる終のすみかとして住みかえ、介護が必要になる前に施設の職員となじみの関係をつくっておこうと考える人にはよい選択肢です。

要介護度がある程度上がると、施設内の介護フロアや隣接する介護棟に移ることになるところもあります。職員の目が行き届き、介護が受けやすい効果があるためです。

介護の居室への移動については、別途費用が発生することはありません。ただし、自立時の居室と比べて狭くなることがほとんどなので、精算金を受け取るケースも出てきます。

A子さん（77歳）のケース

1. 夫は亡くなったし息子夫婦はアテにできないし…（海外赴任中）　A子さん／知り合い　有料老人ホーム／知り合い　有料老人ホーム

2. 介護が付いた有料老人ホームは安心だけど、ふんぎりがつかないわ／友人「入るとき、1億円かかったわ」

3. 叔母がお風呂で転倒！入院そして介護付き有料老人ホーム・介護型へ　91歳

4. 叔母の住んでいた分譲マンション「買い手がつかない」管理費・固定資産税 ¥10000／介護が必要になっても最期まで居られる介護付き有料老人ホーム・入居時自立型がいいかも…

　夫に先立たれ、一人暮らしを続けるA子さん。いまは自立していますが、「海外赴任中の息子夫婦はアテにはできないし……」と将来が不安です。介護が付いた有料老人ホームは安心だけど、友人は「入るときに1億円かかった」と話していたので、思い切れません。

　A子さんの叔母（91歳）は、15年近く、シニア向け分譲マンションでくらしていましたが、1年前にお風呂で転倒し、大腿骨頸部を骨折。手術後、リハビリに励んでいましたが、要介護認定を受けて、介護付き有料老人ホーム・介護型へ。住んでいた分譲マンションは買い手がつかないことから、「介護が必要になっても、最期まで居られる介護付き有料老人ホーム・入居時自立型がいいかも……」とA子さんは傾きつつあります。

「豊かな老後」を満喫

入居時自立型の共用設備は、元気なシニアがセカンドライフを十分に楽しめるように、バラエティーに富んだ配慮がなされています。

玄関を入ると「フロントサービス」があります。これは何かと便利です。生活相談はもちろん、荷物の受け取り・配送、タクシーの手配だけでなく、高齢者詐欺を防ぐ役割も担っています。

食堂では、毎日カロリー計算されたバランスの良い食事が用意され、複数のメニューから選択が可能です。体調が悪いときは居室に運んでもらうこともできます。

居室に浴室が付いていますが、施設内に「大浴場」が設置されている場合は、居室の浴室は物置代わりに使われているケースも見られます。

この他、多目的室、フィットネス室、アトリエ、シアタールーム、囲碁・マージャン室、菜園、中にはプールやテニスコートを備えている施設もあります。この共用設備で、施設の総面積の半分を占めるところもあります。

ある意味、住宅の掃除、庭の手入れ、煩雑な近隣関係、日々の食事づくりなどから解放されます。それまでは家の用事などでまとまった時間がつくれず、好きなことに打ち込めなかった人にとって、好きなことに好きなだけ時間を使えるパラダイスともいえます。

入居一時金は高額

入居時自立型は、総じて「入居一時金」が高額です。

数千万円から数億円、さらに数百万円の「介護一時金」がプラスされる施設もあります。介護一時金は、介護が必要になっても月額費用が高くなることなく、最期まで手厚い介護を受けられる費用（上乗せ介護費用）で、入居時に一括で支払うものです。

「月額費用」には、要介護度に応じた「介護費用」と、利用する「オ

介護付き有料老人ホーム・入居時自立型での生活

自立のあいだは好きな
ことをして、楽しく！

ゆったり
のんびり

食事

入浴

介護が必要になれば、
介護を受けて

介護

ツ代」が別途かかるのがほとんどです。

　どんな介護がどれくらいの期間必要になるのかは、誰にもわかりません。介護が必要にならずに亡くなる人にとっては、結果的には高い無駄金を払う結果となります。しかし、「いざ介護が必要になってから、亡くなるまでのあいだ、月額費用がずっと高くなるリスクを避けたい」「入居時に一括で、いわば保険のように支払っておくことで、定額の介護費用だけで手厚い介護を受けられる」「介護になる確率は決して低くはないので、支払えるうちに先払いし、安心感を確保しておきたい」などと割り切って考える人には有効です。

　お金の心配、介護が必要になる心配を払拭できることから、子どものいない夫婦やお一人様が、自宅を思い切って処分し、その資金で、入居一時金と100歳まで生活できる月額費用をまかなう腹づもりで入居するケースが見られます。

18 介護付き有料老人ホーム・介護型はこんなところ

ここがポイント！ 介護が必要になって入居する「介護型」では、全員が要介護・要支援者です。心暖かい介護が受けられるソフト面が重視される終のすみかです。

介護を受ける目的で入居

　「介護付き有料老人ホーム・介護型」は、要介護・要支援者が介護を受けることを目的に入居する施設です。

　居室は通常、「引き戸」です。杖をつく人や車イスの人が出入りしやすいようになっています。開き戸では車イスの往来には不便です。引き戸はドアを開ける力がなくなっている人には好都合で、職員が介助するにも便利です。

　また、居室のトイレも引き戸もしくはカーテンです。介護がしやすいようにトイレの手前が広めにできています。

　居室に鍵をかけることは基本的にありません。鍵をかける必要性があまりないからです。入居者の多くは、ベッドで横になったり、イスに腰かけたりして生活しています。

　居室に鍵をかけられると職員は見守りができません。職員がノックするたびに開けるのは面倒です。時間を見計らってのトイレの誘導もやりにくくなります。

　介護型は「プライバシーが守られない」とよくいわれますが、そもそも十分な介護を受けることが目的なので、のれん程度で開けっ放しの生活のほうが、風通しも良く、安心感が得られます。

B男さん（90歳）のケース

1. 認知症のB男さんを長女とその夫が介護している
- 長女（64歳）
- 長女の夫（70歳）
- 「腰が痛い…」

2. 長女の夫が脳梗塞で倒れる！
- 「夫の病院に父の介護…もう動けない！」

3. 「お父さんに介護付き有料老人ホーム・介護型へ入ってもらおうと思うの…」
- 次女（地方在住）
- B男さんの企業年金、個人年金で月々30万円　入居一時金がかからない近くの施設へ

4. 「よかったわ!!」「食事がおいしい！」

　半年前から要介護4と判定された認知症のB男さんは、長女夫婦とくらしています。腰痛持ちの長女（64歳）がその夫（70歳）に手伝ってもらいながら、2人でB男さんの介護をしてきました。

　ところが、長女の夫が突然脳梗塞で倒れました。長女は介護が重なり、持病の腰痛が悪化して、思うように動けなくなりなりました。

　そこで長女は次女（地方在住）と相談し、B男さんに介護付有料老人ホーム・介護型に入ってもらうことにしました。B男さんは企業年金・個人年金を含め、月額30万円程度の収入があります。それを使い、入居一時金がかからない、自宅近くの施設を選びました。

　B男さんは「食事が食べやすくて、おいしい」と満足しています。

居室の広さは 18 〜 23㎡程度

　居室の広さは入居時自立型と比べると狭く、1人用のテーブルとイス、テレビ台、整理ダンスを置けるくらいの面積です。

　介護付き有料老人ホームは「13㎡以上」と規定されていますが、実際は 18 〜 23㎡程度が一般的です。中には 30㎡と広めのところもありますが、トイレまでの距離が長く、つかまるところがないので、要介護者には危険といえるかもしれません。

要介護者が安心してくらせる環境

　もちろん、入居者は全員、介護サービスを利用しています。そのため、入居時自立型のような充実した共用設備はなく、雰囲気がまったく異なります。

　施設に入ると、フロントがあり、食堂、多目的室、リハビリ室、シアタールームなどがある程度ですが、要介護者向けの浴室が配備されています。

　居室にはベッド、洗面台、トイレ、クローゼット（戸棚）はありますが、浴室があることは少ないです。

　共用設備の介護浴槽は、座ったまま入るタイプ、横になって入るタイプがあります。

　自宅で介護を受けるよりも適した構造ですが、ここでは「共同生活」です。施設のスケジュールに合わせなければなりません。

　たとえば、夕食が 17 時 30 分からと早めの時間、入浴も午前中か午後一番など、職員の勤務時間に合わせていることから、自宅のように好きなときに入れてもらえるわけではありません。

　日中は、多くの人が食堂やリビングに会しています。テレビを観たり、ぼうっとまどろんでいる人、車イスに座り、職員とおしゃべりしている人などが、それぞれ静かな時間をすごしています。

> 介護付き有料老人ホーム・介護型での生活

　かなりの人が認知症の症状がありますが、徘徊する人はそれほど多くはありません。施設により、認知症の人が生活するフロアを設けて、施設の外へ出られないように管理しています。

規則的な生活で要介護認定から外れることもある

　介護型は、入居時自立型に比べると共用設備が少ないため、敷地面積、延べ床面積がそれほど広くなく、「入居一時金」が高額な施設は多くありません。

　ところで、自宅で満足な食事をとらず、不規則な生活をしていた人が介護型に入居すると、要介護度が下がり、元気になるケースが見られます。この場合、要介護認定で「非該当」、つまり自立と判断されることがあります。「非該当」と判断されると、退去のケースと、自立者向けの料金に変更されるケースがあります。

19 介護付き有料老人ホーム・混合型はこんなところ

> **ここがポイント！** 入居時に自立者も要介護・要支援者も入居可能なのが「混合型」です。介護型に近いタイプ、入居時自立型に近いタイプがあるので、確認が必要です。

介護型に近い施設、入居時自立型に近い施設がある

「介護付き有料老人ホーム・混合型」は、自立者も要介護・要支援者も入居できる施設です。

しかし、実情は介護型に近い雰囲気の施設が目立ちます。これは、自立者が少なく、要介護・要支援者が多いためです。

自立者にとって、周りは認知症だったり、歩くのがやっと、もしくは車イスで生活している人が多いところでは、一緒に活動できる仲間や話し相手がなかなか見つかりません。

共用設備も、リハビリ室とシアタールーム、談話室などがあるくらいで、物足りなく感じられるかもしれません。

逆に、自立者が満足する入居時自立型に近い雰囲気のところももちろんあります。

混合型に自立者が入居する場合は、どういう入居者が多いかを十分に確認することが必要です。

自立者は自立サポート費がかかる？

施設の雰囲気だけではありません。自立者には**「自立サポート費」**が

C男さん（73歳）　妻（72歳）のケース

1. 認知症の妻が台所で料理
あぶなっかしい…大丈夫かな
C男さん

2. 妻が台所で滑って転倒！
自分は料理をつくれないし、そろそろ限界かな

3. 妻の見守りに疲れた…どうしたら？
2人で一緒に入れる施設は？
介護付き有料老人ホーム・混合型がある！

4. 公民館
介護付き有料老人ホーム・混合型
私は公民館で活動しよう！
2人で一緒に入居

　C男さんは、認知症で要介護2の妻の介護をしてきました。妻は料理が好きでしたが、鍋を焦がすなど、C男さんが見ていないと危なくなってきました。

　先日、妻が台所で滑って捻挫。C男さんは食事の支度ができないこともあり、限界を感じています。

　そこで、2人で一緒に入れる介護付き有料老人ホーム・混合型を見学することにしました。要介護者がほとんどで、妻はいいのですが、C男さんには物足りなく感じました。

　それでも、妻の介護から手が離れるので、「歩いて3分くらいのところにある市の公民館で活動していけばいい」とC男さんは気持ちを切りかえました。

かかるところがあります。

　要介護・要支援者の場合、介護費用が介護保険から施設に支払われますが、自立者の場合は、これがありません。自立者でも、生活支援サービスは同様に受けられることから、全額を自腹で支払ってもらおうという考え方が基本になっています。

　もちろん、自立者中心の混合型の施設では、自立サポート費はかかりませんが、入居時自立型と同様に自室での介護が困難になると、介護フロアや介護棟に移らなければならなくなります。

　介護型もそうですが、要介護度が下がり、要介護認定で「非該当」と判断された場合に、要支援1の人よりも介護保険が利用できない分、自己負担額が高額になり、月額費用が跳ね上がるケースがあることは押さえておきましょう。

"老老介護"に疲れたときの選択肢

　介護は休む間もない重労働の連続で、とくに**"老老介護"**は介護者が心身ともに疲れ果てて、体調を崩してしまうことがあります。

　誠心誠意介護をしても、回復して全快することはなく、年々**「ADL（日常生活動作）」**が落ちていきます。介護者も年々歳を重ねるわけですから、自分の体力も落ちていきます。

　前述したように、高齢者のいる世帯のうち、「夫婦のみの世帯」（＝**老老夫婦**）が最も多く、全体の3割を占めています（20ページ参照）。

　その一方で、介護者を見ると、**「同居の配偶者」**がトップです。同居の介護者の年齢は男性、女性とも60歳以上が6割を超えています。

　想像以上に、老老介護が進行しているといえるのではないでしょうか？

　老老夫婦の場合、「自宅で介護したい、されたい」いう気持ちは大事ですが、経済的に許されるなら、発想を変えて、2人で混合型に入居し、介護はプロにお願いするという選択肢を考えるのもよいでしょう。

介護する側の状況

要介護者との続柄と同居別の状況

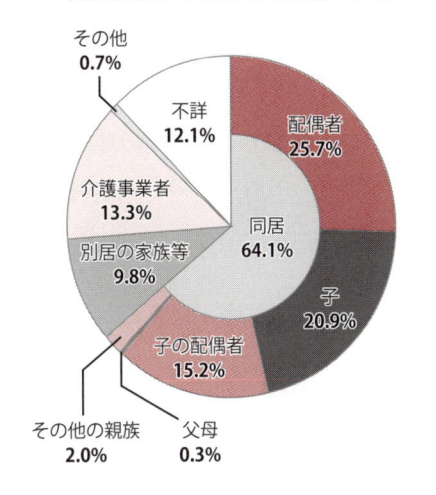

- その他 0.7%
- 不詳 12.1%
- 配偶者 25.7%
- 同居 64.1%
- 子 20.9%
- 子の配偶者 15.2%
- 父母 0.3%
- その他の親族 2.0%
- 別居の家族等 9.8%
- 介護事業者 13.3%

同居の主な介護者の年齢分布

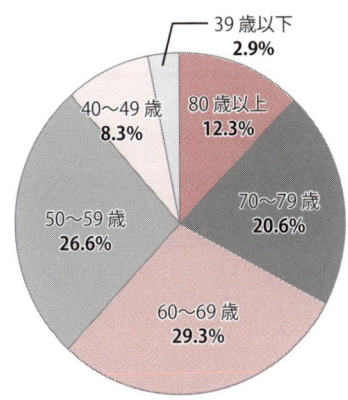

- 39歳以下 2.9%
- 40〜49歳 8.3%
- 80歳以上 12.3%
- 70〜79歳 20.6%
- 60〜69歳 29.3%
- 50〜59歳 26.6%

資料出所：厚生労働省『国民生活基礎調査』（2010年）

介護付き有料老人ホーム・混合型での生活

自立者
要支援・要介護者　）入居可！

20 「退去リスク」をあらかじめ知っておこう

ここがポイント！ 終のすみかと思って大金を支払い、入居しても、自らの理由で退去しなければならないことがあります。それはどのような場合でしょうか？

有料老人ホームに吹き荒れるM＆Aの嵐

「有料老人ホームが倒産したら、出て行くところがない！」という声を聞きます。もし、施設が倒産して営業を終了するような場合は、住み続けることができなくなる可能性が高いでしょう。

最近よく耳にするのが、**「施設の事業者の変更」**です。事業者が変わったからといって退去する必要はありませんが、それまであったサービスがなくなったり、有料になったりと、サービスの質が低下することはよくあります。

有料老人ホームの世界は、もともと介護系の事業者だけでなく、介護にはまったく関係がなかった異業種からの参入も相次いで、まさにM＆Aの嵐が吹き荒れています。いつの間にか施設の経営母体が変わり、名称まで変わってしまうことがよくあります。

入居者側からの「退去リスク」

もちろん、自らの理由で退去しなければならないこともあります。

終のすみかとして介護付き有料老人ホームに入居しても、常時医療が必要になれば、病院へ入院することになります。体調が回復すれば、施

有料老人ホームの「退去リスク」

「終のすみかに」と思って入居しても、
退去しなければならないリスクがある

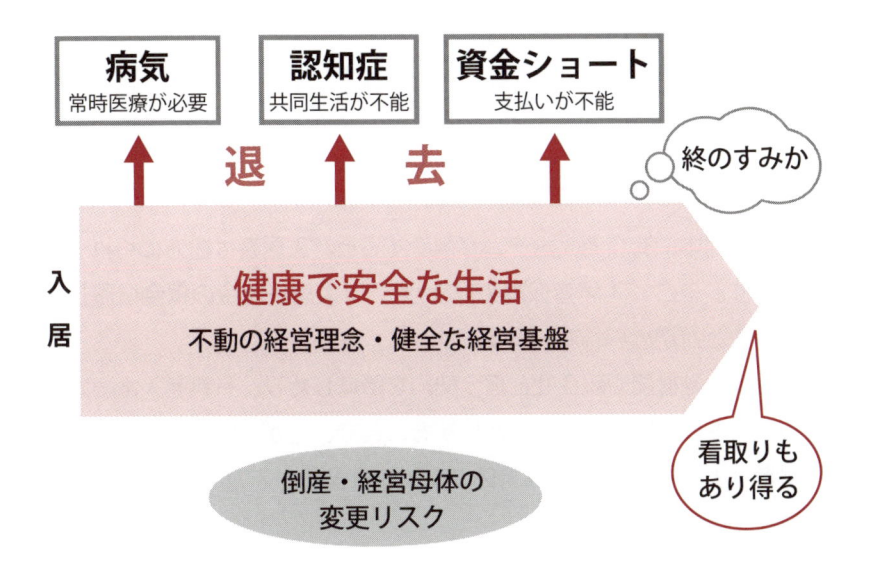

```
        病気          認知症        資金ショート
     常時医療が必要   共同生活が不能   支払いが不能
        ↑            ↑            ↑
         退           去                    終のすみか

入居 →    健康で安全な生活
          不動の経営理念・健全な経営基盤
                                    看取りも
                                    あり得る

        倒産・経営母体の
          変更リスク
```

設へ戻ることは可能でしょう。ただし、「3か月以上の入院は退去してもらう場合があります」と規定している施設もないわけではありません。

　認知症については、他の入居者や職員に危害を加えない程度であれば問題はありません。しかし、暴行・暴力が高じて共同生活ができないようなら、専門の病院などへ移ることになります。

　また、何らかの理由により月額費用が支払えなくなれば、**「身元引受人」**（200ページ参照）が連帯保証で支払うことになりますが、それも困難なら退去しなければなりません。

　どのような場合に退去しなければならないかという**「退去リスク」**は、確実に押さえておきましょう。

クーリングオフ制度

　有料老人ホームにおける「クーリングオフ」とは、何らかの理由により契約を解除して退去した場合、契約日（または入居日）から90日以内であれば、入居一時金が返還される制度（90日ルール）です。

　多くの場合、全額返還となり、実際に利用した日数分の利用料金を日割りで支払います。

入居一時金の保全措置

　入居期間中に有料老人ホームが倒産すると、入居者は途方にくれてしまいます。そこで入居者保護の見地から、「入居一時金の保全措置」を講じることが定められています。

　施設が金融機関や親会社と保全契約を締結したり、有料老人ホーム協会の入居者保証制度に加盟したりすることで、万が一倒産した場合でも、入居者1人につき最大500万円が支払われます。そのための掛け金は、もちろん施設側の負担です。

　「最大500万円」というのは「未償却金が500万円以上あった場合でも500万円」という意味です。500万円と未償却金のいずれか低い金額が保証されます。

　有料老人ホームに入居の際は、入居一時金の保全措置がとられていることを確認する必要があります。

入居一時金の償却

　入居一時金は家賃の前払金などですが、それは「償却期間」という各施設が決めた期間分の家賃を、契約時に一括で支払っていることになります。

　償却期間は、入居期間の平均期間で割り出されています。その期間内

に契約を解除して退去すると、**「返還金」**が支払われることになります。

しかし、**「初期償却割合」**に該当する金額は、契約の初期に償却されることから、退去しても戻ってきません。初期償却割合が大きい施設は、返還金が少なくなるわけです。

実際は多くの施設で、クーリングオフ期間の90日が過ぎた時点で償却され、それ以降に退去すると、初期償却割合以外の額が**「定額法」**で均等に償却されて、未償却部分が返還金として返されます。

そのため、入居一時金は金額の多寡だけでなく、償却期間や初期償却割合も併せて検討しなければなりません。

なお、「入居一時金がゼロ」の場合は家賃の前払いがないので、償却期間や初期償却割合という概念は存在しません。

返還金がいくら戻ってくるか？

次の例は、償却期間が180か月（15年）の**「介護付き有料老人ホーム・入居時自立型」**です。

- 入居一時金　：4000万円
- 初期償却割合：15％（入居時自立型）
- 償却期間　　：180か月（15年）
- 入居期間　　：108か月（9年）
- 定額法

入居後108か月（9年）生活したのち、未償却期間72か月（6年）を残して死亡し、契約解除した人の返還金額を求めてみます。

まず、4000万円の入居一時金のうち、初期償却割合15％にあたる600万円が契約初期に償却されるので、返還金の対象となるのは85％の3400万円です。

それを償却期間である180か月で、定額法で償却していきます。

死亡により未償却期間が 72 か月となるため、未償却部分の金額は 3400 万円× 72/180 ＝ 1360 万円となり、1360 万円が返還金受取人（多くは身元引受人）の元に返還されます。
　亡くなってからどのくらいの期間で返還されるかは、施設ごとの「重要事項説明書」（186 ページ参照）に記載されています。

返還金の計算式（例）

9 年で死亡した人の一例
- 入居一時金　4000 万円
- 初期償却　　15%
- 償却期間　　180 か月（15 年）
- 入居期間　　108 か月
- 月額費用　　25 万円
- 定額法

$$返還金 = \{入居一時金 - (入居一時金 \times 初期償却割合)\} \times \frac{償却期間（月数）- 入居期間（月数）}{償却期間（月数）}$$

$$1360 万円 = \{4000 万円 - (4000 万円 \times 0.15)\} \times \frac{180 か月 - 108 か月}{180 か月}$$

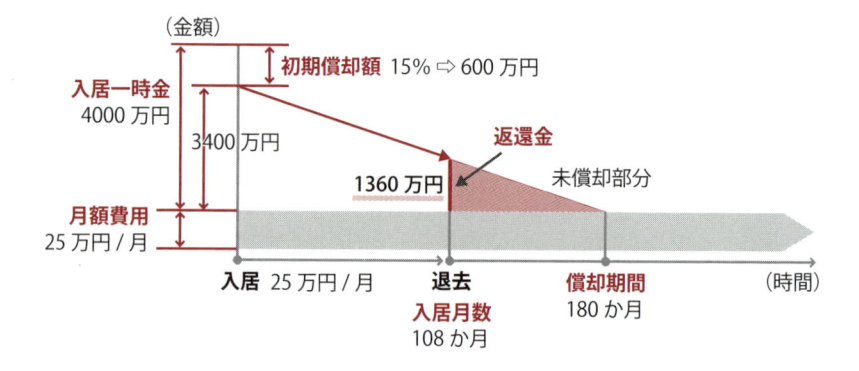

（金額）
- 入居一時金　4000 万円
- 初期償却額　15% ⇨ 600 万円
- 3400 万円
- 返還金　1360 万円
- 未償却部分
- 月額費用　25 万円/月
- 入居　25 万円/月
- 退去　入居月数　108 か月
- 償却期間　180 か月
- （時間）

Column 3

入居一時金で「長生きリスク」を施設に転嫁？

　有料老人ホームへ入居するには、「入居一時金」が必要な施設が多いのですが、入居一時金は施設ごとに決められた償却期間分の家賃の"前払い"です。しかし、その償却期間をすぎて、何年長生きしたとしても、それ以降、家賃を支払う必要はありません。

　管理費と食費、介護が必要になれば介護費用、オムツ代がかかりますが、家賃分は不要なので、月額費用を安く抑えることができます。そのため、自立者は15万円〜20万円程度でも生活が可能です。

　多くの人は、定年後の生活は年金でまかないたい、不足分は在職中に貯めた金融資産や、自宅を手放したときの売却代金など、手持ち資金から取り崩していきたいと考えています。毎月のランニングコストである月額費用が高額になると、年金での不足分が多くなり、取り崩しが増え、保有資産がみるみる減少していきます。

　高齢になると、病気になったり、長生きすることで、手持ち資金が尽きてしまうのではないかという不安があります。

　そのため、入居一時金で家賃分を一括で支払った後、年金の範囲内で月額費用がおさまれば、保有資産が減少していくことはなく、安心して長生きできることになります。

　その意味で、入居一時金の「一時金払方式」は、一人ひとりの「長生きリスクを施設に転嫁できるシステム」という考え方もできます。共済に入る、保険に入るというイメージに近いといえます。

介護付き有料老人ホームのチェックポイント

メリット

- ☐ 入居により、24時間、介護してもらえる生活空間が確保できる
- ☐ 入居時自立型は、介護が必要になっても、住み慣れた環境で介護を受けられる（別途費用がかかることなく、施設内の介護フロアや隣接する介護棟に移ることもある）
- ☐ 認知症になっても対応してもらえる
- ☐ 入居時自立型では、「介護一時金」を支払うことで、手厚い介護を受けられる施設もある
- ☐ 看護師がいて、健康管理をしてもらえる
- ☐ 提携の医療機関があり、緊急対応が可能で心強い

デメリット

- ☐ 費用のしくみが複雑でわかりにくい
- ☐ 入居時自立型では、入居一時金が高額な施設もある
- ☐ 食事時間などが決められた共同生活で、自由がない
- ☐ 介護型、混合型の一部では鍵がなく、プライバシーが守られない
- ☐ 入居して間もなく亡くなると、返還金が少ないケースが多い

第3章

認知症の人が共同でくらす「グループホーム」

21 認知症介護の家族負担を軽減する存在

ここがポイント! 要支援2以上の認知症の人が、1つの家族のようにアットホームに共同生活しています。共同生活が営めないと、入居はできません。

増え続ける認知症高齢者

「グループホーム」には、主に軽度～中度の「認知症」で、自宅での生活が困難になった要支援2以上の人が入居できます。

身の回りのことが一応できて、他の人への暴力行為や自傷行為がなく、共同生活が営める人でなければなりません。

認知症は、特別な人がかかる特別な病気ではなく、誰もがかかる可能性のある病気です。全国の認知症高齢者の数は約462万人といわれています。これは、65歳以上の高齢者の15％程度にあたります。

また、認知症は10年～20年かけて顕在化してくるため、軽度認知障害の約400万人と合わせると、「65歳以上の4人に1人が認知症とその予備軍」になる計算です。

認知症の原因は？

認知症の原因はいくつかありますが、有名なのは「アルツハイマー病」によるもの（アルツハイマー型認知症）です。被害妄想、モノ盗られ妄想、収集癖、不潔行為、暴行・暴力、徘徊が表われます。

その他、「脳血管性認知症」「レビー小体型認知症」「前頭側頭型認知

D男さん（82歳）のケース

D男さんは、数年前から認知症が出始め、進行しています。長男夫婦（56歳・53歳）と同居していますが、住宅ローンを抱え、共働きで、日中はD男さん1人です。

先日、料理好きなD男さんは鍋を焦がして、危うく火事を出しそうになりました。「息子の誕生日なので、ご馳走をつくって食べさせてあげたかった」とD男さん。また、「知らない人を家に上げないように」と日頃から言われているのに、訪問販売で高額な品物を契約しかけたり、自宅がわからずに迷子になったり、何度も同じ話を繰り返したりと、日常生活が怪しくなっています。

家の近くにグループホームが開設されるのを機に、D男さんはグループホームに入居することになりました。

症」「若年性認知症」などがあります。

　自分の身の回りのことができる軽度者から、寝たきりに近い重度まで、一人ひとり症状が異なります。そのため、「認知症の人ならグループホームへ」と一概にはいえない面もあります。

　とはいえ、自宅での認知症の人の介護は、家族の負担が重くなります。グループホームは、家族の介護の負担を軽減する大きな存在になっています。

認知症の人の住まい探し

　多くの人は高齢期になっても、最期まで自宅でくらしたいと考えています。

　特に認知症の人は、なるべく環境を変えずに、心穏やかにすごすことが大切ですが、介護する家族は精神的にも肉体的にもきついものがあります。

　認知症が軽度〜中度までは、家族はデイサービスやショートステイを利用し、**「レスパイト」（休息）**しながら自宅で介護していきます。しかし、認知症が中度〜重度になり、反社会的行為や不潔行為が増えてくると、介護者が体調を崩し、介護を続けることがむずかしくなります。

　この場合は、施設の利用を考えて、グループホームを検討します。身の回りのことができて、共同生活が可能なら、認知症に特化したグループホームは最適かもしれません。

　ただし、グループホームは医師や看護師の配置が義務付けられていません。常時医療が必要になったり、共同生活を営めないくらい重度になったりすると、退去もあり得ます。その場合は、そのときの状況によりますが、介護付き有料老人ホームや病院などを検討することになります。

認知症高齢者の割合

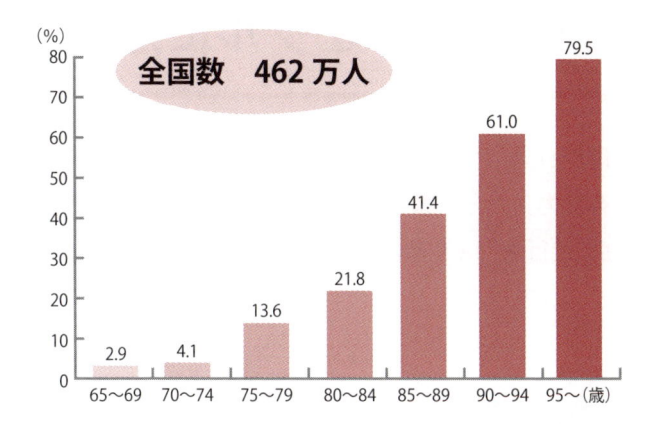

全国数　462万人

年齢	割合(%)
65〜69	2.9
70〜74	4.1
75〜79	13.6
80〜84	21.8
85〜89	41.4
90〜94	61.0
95〜(歳)	79.5

資料出所：厚生労働省研究班推計（2013年）

認知症の人の住まい探し

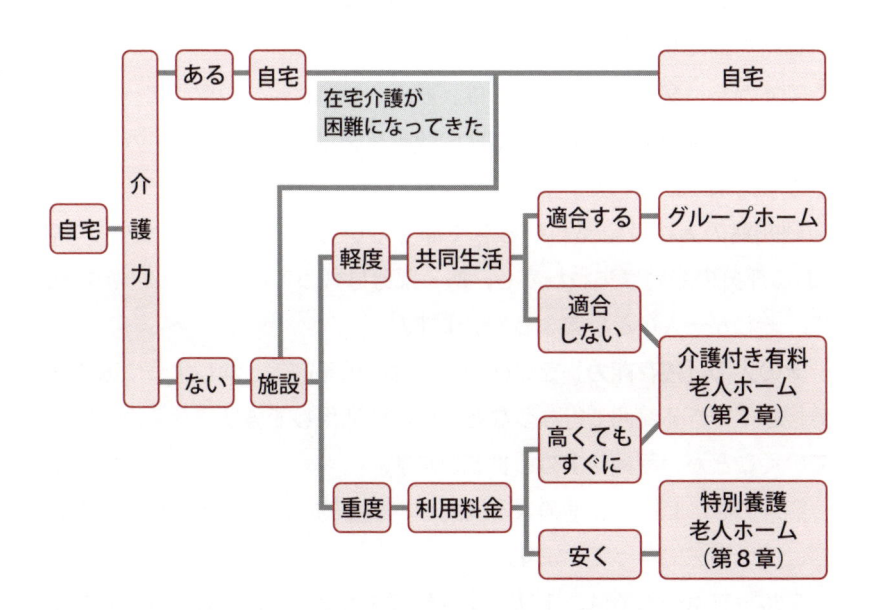

自宅 → 介護力
- ある → 自宅 →（在宅介護が困難になってきた）
  - 自宅
- ない → 施設
  - 軽度 → 共同生活
    - 適合する → グループホーム
    - 適合しない → 介護付き有料老人ホーム（第2章）
  - 重度 → 利用料金
    - 高くてもすぐに → 介護付き有料老人ホーム（第2章）
    - 安く → 特別養護老人ホーム（第8章）

第3章　認知症の人が共同でくらす「グループホーム」

22 認知症の人の「残存能力」をフルに活用

ここがポイント! 認知症とはいえ、何もできないわけではありません。その人の「残存能力」から、家事を中心にできることを行なうことで、認知症の進行を抑えます。

「残存能力」を落とさないように共同で家事

　認知症の人は、大所帯で、人の出入りが多いところでは落ち着いて生活ができません。

　いつものなじみの職員と少人数の入居者で、家庭に近い環境をつくり、共同生活を営むことで、混乱せずに穏やかな心身の状態を保ち、認知症の進行を遅くすることができます。

　ですから、グループホームでは、家事、リハビリ、レクリエーションなどの機能訓練を通して、認知症の改善を図り、進行をゆるやかにするような対策がとられています。

　認知症の人は「全部わからなくなっている」のではないからです。「ある部分の能力は失われても、ある部分は残っている」といった状態で、それが一人ひとり異なっています。

　その人の「残存能力」を見極め、自宅に居るときと同じように家事を分担してできる範囲で行なうなど、うまく活用して維持できるようにしていくことが、職員に求められています。

　無理のない範囲で、他の人と協力し、積極的に身体と頭を働かすことが、良い刺激になっています。

　グループホームでは、1ユニット5～9人で、介護士のサポートを受

グループホームでの生活

家事の例
- 食料品の買い出し
- 野菜の皮むき
- 食器洗い
- 洗濯物を干す、取り込む、たたむ
- 掃除機をかける
- ゴミ出し
- 植物に水

など

けながら生活することになります。

　介護士は、入居者3人以上に対して1人以上（常勤換算）で、ケアマネジャーは、1人以上です。

　新設の建物ばかりでなく、2階建ての古い民家を利用するなど、施設によって設備はかなり異なります。

　居室は「個室」が基本ですが、食堂や浴室などは共同で利用します。日中は食堂（兼リビング）に集まり、夜はそれぞれの個室で休みます。

　近年は、「ユニット型個室」が多くなっています（54ページ参照）。

　なお、グループホームは介護保険の分類では「地域密着型サービス」の1つのため、住みなれた地元の人が入居しています。地域の共通意識

が根底に存在することから、日々交わされる話題も盛り上がりやすく、生活感が維持しやすいといえます。

グループホームの絶対数が不足

認知症の人は増え続けていますが、小規模施設のため、入居できる人数が限られています。

グループホームは、東京都と一部の都市部で3ユニットまで許可されているものの、ほとんどが1～2ユニットです。1ユニットは5～9人ですから、基本9～18人、最大でも27人となります。

認知症の性格上、ユニット間の交流はなく、職員も固定化されています。

グループホームの職員も不足

グループホームでは、職員が食材の買い出しから食事づくり、洗濯、掃除などの家事全般と、入浴、オムツ交換、食事の介助、散歩に連れ出すといった介護を、基本的に「3：1」以上の体制ですべて行ないます。3日に1度くらい夜勤もある重労働です。

ただし、食事づくりだけを行なうパートがいる施設もあります。

入居者が家事を分担するといっても、なかなか戦力になることばかりではありません。掃除機の部品を置き忘れてきたり、キッチンを水浸しにしたりなど、想定外の珍事や失敗はつきものです。9人の介護を行ないながら、入居者間の調整も図っていかなければなりません。

たまに逃走願望の強い入居者が外へ出ていき、徘徊することもあります。すると、1～2人の職員を残して、非番の職員も動員して探さなければなりません。

入院している入居者がいると、職員は病院へ洗濯物を届け、見舞いにも行かなければなりません。

Column 4

歌が大好きな9人（あるグループホームの1日）

　「市民後見人養成講座」の実習の一環で、あるグループホームに10日間ほど通ったことがあります。見守りの研修でした。

　そのグループホームには男性5人、女性4人がいて、大変明るい雰囲気でした。

　朝は、職員の「ゴミ出しをお願いします」というかけ声で、2人の男性がすぐさま反応し、ユニット内のゴミをまとめます。掃除機をかけるのも男性でした。

　一連の家事が終わると、コーラスタイムです。

　全員が手づくりの歌集を持っています。小学校の唱歌から数十年前の流行歌まで、懐かしい歌が50曲程度載っています。その歌集を一人ひとりが手にし、誰とはなしに「せーの！」と言って、コーラスがスタートしました。

　驚いたのは、歌集の1ページ目から1曲も飛ばさずに、延々と歌い続けたことです。

　職員の「お昼ごはんですよ〜」の声がかかるまで、ひたすら歌い続けたのです。誰も「もう、やめよう」とは言いません。

　しかし、全員が楽しそうです。脳の刺激になるのでしょう。

　仲の良い一体感のあるグループホームでした。

23 グループホームで常時医療が必要になったら？

ここがポイント！ グループホームには医師や看護師は勤務していません。常時医療が必要になると、通院や入院が必要になります。場合によっては、退去しなければなりません。

認知症の人がケガをしたり病気になると……

　認知症は脳の病気で、自宅での生活に限界がある人が入居していますが、高齢者なので病気やケガはつきものです。

　車イスで生活している人が認知症であることから、歩行困難であることを忘れ、立ち上がって歩こうとして転倒し、骨折するケースがあります。この場合は、整形外科へ入院することになりますが、治療により以前の生活レベルに戻れば、グループホームに復帰可能です。

　しかし、認知症が重度になり、ケガや病気で寝たきりになって、常時医療が必要になると、グループホームには医師や看護師の配置が義務づけられていないため、対応できなくなることがあります。

　また、暴行・暴力が一定の限度を超え、専門の病院へ通院し、服薬治療を行なっても、他の入居者やスタッフに手を出したり、モノを投げてケガをさせたりすることが重なるようなら、共同生活が困難になります。

　そうなると、退去しなければならないケースが出てきます。

グループホームの退去要件

　グループホームの多くは、「常時医療が必要になった場合」「長期入院

をした場合」「感染症に感染した場合」「（暴行・暴力などで）共同生活に支障がある場合」など、**「退去要件」**を設けています。

　入居に際して、これらが具体的にどのような状況や状態を指すのか、十分に確認しておくことが大切です。

　グループホームは認知症の人には最適な施設ですが、最大の問題点は「退去を求められた後」にあります。退去を求められ、自宅へ戻れば、家族が介護するのは不可能な場合が多いでしょう。その場合、別の施設を紹介してもらえるのか、施設長と話し合っておく必要があります。

月額費用を押さえておこう

　月額費用は、**「家賃」「食費」「共益費」**のほか、オムツ代などの**「生活費」**や**「介護費用」**（1割負担分）で、総じて15万円～20万円程度です。

　有料老人ホームと同様に、地価が家賃に反映しています。また、数十万円程度の敷金、預り金が必要なグループホームもあります。

　グループホームを利用するには、居住する市区町村の施設に直接申し込むことになります。民間施設の位置づけになるため、空き施設の案内などは市区町村の介護担当課や社会福祉協議会では行なわれていません。本人や家族が探す必要があります。

グループホームにかかる費用

家賃 ＋ 食費 ＋ 共益費 ＋ 生活費 ＋ 介護費用 ＝ 月額費用
　　　　　　　　　　　　　（オムツ代など）（1割負担分）

月額15万円～20万円程度

※入居時に数十万円程度の敷金、預り金が必要になる場合がある。

グループホームのチェックポイント

メリット
- ☐ 認知症の人が落ち着いて共同生活をおくれる
- ☐ 家族は介護から解放される（安心して任せられる）
- ☐ ユニット内の職員と顔なじみの関係で、アットホームに生活できる
- ☐ 「残存能力」を利用し、家事を分担することで、認知症の進行を遅くすることができる

デメリット
- ☐ 要支援2以上の人しか入れない
- ☐ 寝たきりになると居られない場合がある
- ☐ 職員が多忙で、手厚い介護が受けられない
- ☐ 2階建ての古い民家を利用しているなど、施設によって設備がかなり異なる
- ☐ 医師・看護師がいないため、医療が必要になると入院し、退去もあり得る

第4章

いま注目の住まい！「サービス付き高齢者向け住宅」

24 サ高住は比較的元気な高齢者のための住まい

ここがポイント！ 高齢者住宅の中で注目のサ高住。日本には比較的元気な高齢者の住まいが少ないことから、国が優遇策を採ることで、サ高住の数を増やそうとしています。

急増するサ高住

「サービス付き高齢者向け住宅」（以下**サ高住**）は、バリアフリー仕様で、「見守りサービス」と「生活相談サービス」を備えた賃貸住宅です。有料老人ホームより自由度が高く、自分らしくマイペースでくらせますが、介護サービスはオプションです。

サ高住は2011年10月、国土交通省と厚生労働省の管轄の下、従来の**「高齢者専用賃貸住宅（高専賃）」**などを整備し、比較的元気な高齢者の住まいを増やそうとスタートした制度によるものです。

国は10年間で60万戸つくることを目標としています。

ハード（建物）面では、手すりの設置や段差の解消、廊下幅の確保などの規定をクリアしたバリアフリー住宅であること、ソフト（サービス）面では、少なくとも日中の見守り（安否確認など）、生活相談を備えていることが要件です。

これをクリアしていれば、サ高住として登録することが可能です。高専賃なども、新たにサ高住として登録することができます。

建設にあたり、補助金や税制優遇、融資（金利優遇）が受けられることから、現在登録数が急増しています。

改装を含めると約4600件の登録があり、総戸数は14万8000戸

E男さん（66歳）のケース

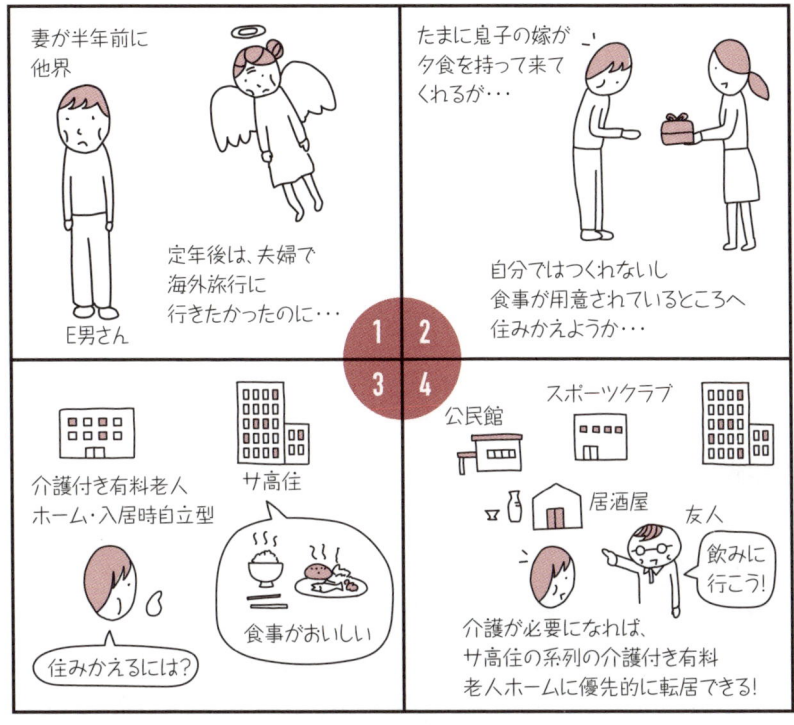

1
妻が半年前に他界

E男さん

定年後は、夫婦で海外旅行に行きたかったのに…

2
たまに息子の嫁が夕食を持って来てくれるが…

自分ではつくれないし食事が用意されているところへ住みかえようか…

3
介護付き有料老人ホーム・入居時自立型

サ高住

住みかえるには？

食事がおいしい

4
公民館　スポーツクラブ　居酒屋　友人

飲みに行こう！

介護が必要になれば、サ高住の系列の介護付き有料老人ホームに優先的に転居できる！

　E男さんは、半年前にガンで妻を亡くしました。定年後は夫婦で海外旅行に行こうと計画していたのに、告知を受けてから3か月の出来事でした。家のことはすべて奥さんに任せてきたE男さん、食事づくりができないことが悩みの種です。

　息子のお嫁さんがたまに夕食を持って来てくれますが、食事が用意されているところへ引っ越したいと考え始めました。そこで、介護付き有料老人ホーム・入居時自立型とサ高住をそれぞれ見学することにしました。

　有料老人ホームの雰囲気になじめなかったE男さんは、サ高住で、食事がおいしいところを選ぶことにしました。幸い、近くにスポーツクラブや公民館、居酒屋があり、退屈しないですみそうです。たまに友人と飲みに行くことができます。介護が必要になれば、系列の介護付き有料老人ホームに優先的に転居できることも安心材料でした。

にのぼります（2014年5月現在）。

　地域としては、特に大阪、北海道、埼玉・東京エリアで多くなっています。

サ高住の登録要件

　サ高住を建設するには都道府県の認可が必要です。次のような登録の要件が決められています。

・入居者

　60歳以上の人または要介護・要支援認定を受けている人およびその同居者。同居者は、配偶者、60歳以上の親族、要介護・要支援認定者の親族。

・住宅基準

　各戸は25㎡以上。ただし、居間（リビング）、食堂、台所など、高齢者が共同して利用するために十分な面積を有する場合は18㎡以上。

　原則、各戸に台所、水洗便所、収納設備、洗面設備および浴室。ただし、25㎡以下の場合は、共用部分に台所、収納設備、浴室、各戸に水洗便所と洗面設備があれば可。

　床、廊下幅、出口の幅、浴室、階段、手すり、エレベーターなどのバリアフリー基準（段差5mm以下）を満たしている。

・サービス基準

　日中の見守り（安否確認）、生活相談を365日提供する。

　少なくとも1人、職員（ヘルパー2級以上の有資格者）が常駐し、常駐する時間帯は、おおむね9時〜17時。常駐しない時間帯は、通報装置でサービスを提供。夜間は警備員の配備でよい。

サ高住の登録要件

●住宅基準
- 25㎡以上が原則。共同利用のリビング、食堂、台所などがあれば18㎡以上
- トイレ、洗面設備
- 原則3点以上のバリアフリー（手すり、スロープ、廊下）

●サービス基準
- 生活支援サービスを提供
- 安否確認、生活相談は必須
- サービスの情報開示、入居契約前に重要事項を説明
- 賃貸借方式が中心

●行政の指導監督（立ち入り検査、改善命令）
- 住宅管理や生活支援サービスを老人福祉法レベルに格上げ
- 自治体の福祉と住宅部局の連携

高齢者住まい法 ＋ 老人福祉法 の管轄下
（国土交通局と厚生労働省がタッグ）

・**契約関連**

「書面による契約」「居住部分が明示されている」「権利金その他の金銭を受領しない」「入院などを理由に契約解除などを行なわない」「家賃の前払金を受領する場合、算定基礎が明確である」「前払金の保全措置を講じる」など。

・**その他**

「高齢者安定確保計画」に照らして適切なものであること。

サ高住は優遇されている

サ高住の建設のメリットを利用し、地主が建てて、民間企業、社会福祉法人、医療法人などが一括借り上げし、運営しているところがほとんどです。

たとえば、次のような優遇措置があります。

・補助金

建設費の1/10、改修費の1/3（国費上限100万円／戸）を補助。東京都などのように、都道府県からの助成金がプラスされているエリアもある。

・税制優遇

所得税、法人税、固定資産税、不動産取得税を優遇。

・融資（金利優遇）

住宅金融支援機構から優遇金利で融資。

緊急時対応サービス

サ高住に限りませんが、高齢者施設・住宅の大半は、居室内の数か所に緊急通報装置を設置しています。

何か異常事態が起きればこれをタッチすることで、いつでも職員やフロントを呼び出すことができます。

緊急通報装置は、ベッドの周辺のほか、洗面所、トイレ、リビングなどに取り付けられていますが、倒れたときに這って行って手が届く高さになっているのが特徴です。

25 サ高住では見守り・生活相談サービスが提供される

> **ここがポイント!** サ高住は賃貸住宅で、介護施設ではないため、介護が必要になると、自分で別途、介護サービス事業所と契約しなければなりません。

サ高住で受けられるサービスは?

サ高住における**「見守りサービス」**には次のようなものがあります。

たとえば、見守りセンサーの設置で、これにより安否確認を行なっています。

居室に居れば、数時間おきに必ず洗面所を利用するので、その入り口付近の天井に24時間センサーを設置し、仮に10時間以上その下を通らなければ、センサーが反応するしくみです。このセンサーにより、フロントは居室に電話をかけます。それでも応答がなければ、職員が居室を訪問します。

また、毎朝、朝食前に職員が居室を直接訪ねて、朝食の呼びかけとともに、健康チェックを兼ねて顔色などを見て回ることもあります。

どのサ高住にも、前述のように緊急通報装置が付いています。

何か困ったことや不安があれば、日中はいつでもフロントに相談できて安心です。

「生活相談サービス」があることは、判断能力に自信がなくなってきた高齢者にとって心強い存在であり、高齢者詐欺の防波堤の役割も担っています。

高齢者に喜ばれる食事サービス

こまごまと動くことがおっくうになった高齢者にとって、食事づくりから解放され、毎回できたてのあたたかい食事を提供されることはうれしいものです。

そのニーズを満たすべく、約95％のサ高住に**「食事サービス」**が付いています。ただし、1日3食が用意されるとは限りません。「朝と夜」「昼と夜」「夜だけ」など、住宅によってさまざまです。

また、体力的に衰えてきた高齢者にうれしい掃除・洗濯などの生活支援サービスも用意されています。

その他、買い物代行、病院への送迎など、基本サービスは住宅ごとに決められています。別途契約が必要なものがありますが、希望するサービスを選択して受けられるのが、サ高住の特徴です。

介護は別途契約

一番の留意点は「介護が必要になったとき、どうなるか？」です。

サ高住の登録要件には介護サービスが含まれていません。住まいと介護は別契約が基本です。

したがって、介護が必要になれば、個別に介護サービス事業所と契約し、契約した時間だけ居室に来てもらい、**「訪問介護」**や**「デイサービス」**を利用することになります。

また、サ高住の中には、建物の1階にテナントとして介護サービス事業所が入っているところや、提携の介護サービス事業所から訪問介護が受けられるところもあります。この場合でも、別契約を交わす必要があります。

しかし、その提携の介護サービス事業所と、必ず契約しなければならないわけではありません。入居する前から利用している介護サービス事業所があれば、継続することが可能です。

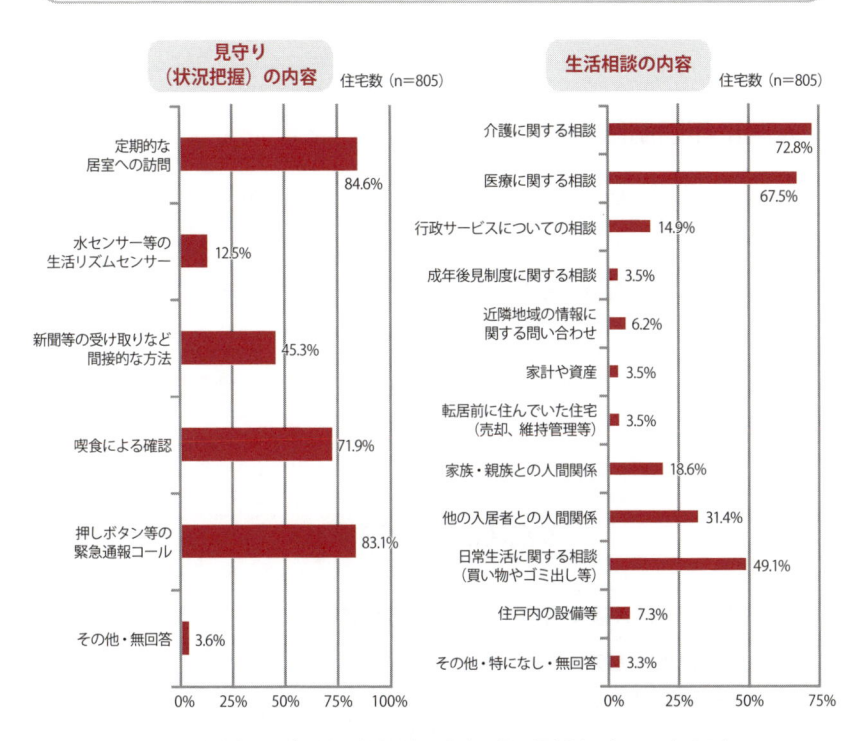

サービス付き高齢者向け住宅の状況把握等

見守り（状況把握）の内容 住宅数（n=805）

- 定期的な居室への訪問: 84.6%
- 水センサー等の生活リズムセンサー: 12.5%
- 新聞等の受け取りなど間接的な方法: 45.3%
- 喫食による確認: 71.9%
- 押しボタン等の緊急通報コール: 83.1%
- その他・無回答: 3.6%

生活相談の内容 住宅数（n=805）

- 介護に関する相談: 72.8%
- 医療に関する相談: 67.5%
- 行政サービスについての相談: 14.9%
- 成年後見制度に関する相談: 3.5%
- 近隣地域の情報に関する問い合わせ: 6.2%
- 家計や資産: 3.5%
- 転居前に住んでいた住宅（売却、維持管理等）: 3.5%
- 家族・親族との人間関係: 18.6%
- 他の入居者との人間関係: 31.4%
- 日常生活に関する相談（買い物やゴミ出し等）: 49.1%
- 住戸内の設備等: 7.3%
- その他・特になし・無回答: 3.3%

資料出所：厚生労働省『サービス付き高齢者向け住宅の状況把握等』（2012年8月）

サ高住で安心してくらしていくため、**「定期巡回・随時対応型訪問介護看護」**（228ページ参照）を行なう介護サービス事業所を1階に併設しているところに入居するという手があります。何かあっても随時対応の形で、すぐに駆けつけてくれます。

鍵は自分で管理

サ高住はマンションタイプの賃貸住宅なので、鍵は自分で管理し、プライバシーが守られます。外出するときに、フロントに施錠してもらう必要はありません。

一方で、外からの訪問者はフロントでチェックされることから、高齢者狙いの悪徳商法などを防止してくれます。

入居に年齢制限がある

　サ高住の入居の要件として「60歳以上」「65歳以上」などの年齢制限があります。
　介護サービスは自分で契約するので、要介護認定を受けているからといって、入居できないわけではありません。また、認知症だから入居できないということも、基本的にありません。しかし、サ高住によって制限を設けているところもあるので、確認が必要です。

サ高住のサービス構造

基本サービスはサ高住ごとに決められている
- 見守りサービス
- 生活相談サービス
- 食事サービスなど、各サ高住に付帯されたサービス（オプション）
  ※介護サービスは別途契約

サ高住
基本サービス
↑訪問診療　↑訪問看護　↑訪問介護

26 サ高住の場合、入居者の権利が強い

ここがポイント！ 借家権（賃貸借契約）は利用権よりも強い権利です。一方的に契約を解除したり、家主といえども許可なく入室したりすることはできません。

入居者の生活が守られるかどうかは別問題

サ高住は**「賃貸借契約」**で、借りる側（入居者）の権利が強いです。

月額費用さえ支払っていれば、長期入院などによる理由で、サ高住（貸主）から契約を解除されることはありません。

サ高住の賃貸借契約は**「建物賃貸借契約」**と**「終身建物賃貸借契約」**があります。"終身"が付いている後者は、入居者が生存しているあいだは住み続ける権利がありますが、死亡すると自動的に契約が終了します。

ただし、夫婦で入居している場合、配偶者が生存している限り、配偶者が引き続き住み続けることができます。

サ高住の賃貸借契約は退去させられることがない強い権利ですが、それがすべての入居者にプラスに働くかというと、そうともいえません。

たとえば、「隣の部屋から異臭がする」というトラブルが起きた場合を考えてみましょう。隣の入居者に忠告しても、本人にその自覚がなければ、解決はむずかしく、フロントでは十分な対応は期待できないでしょう。もちろん、隣の入居者に退去を求めることもできません。

ただし、サ高住によって、他人に迷惑を及ぼすような行為をすると退去もあると謳っているところもあります。

認知症の人への対応は？

以前は、「高齢者は部屋を借りにくい」という状況が続いていました。しかし、**「高齢者住まい法（高齢者の居住の安定確保に関する法律）」**により、高齢者向けの賃貸住宅が登場して、その状況は改善されました。

サ高住の制度は、もともと自立者や軽介護程度で、身の回りのことができる人が対象でした。しかし、要介護3〜5という中度〜重度の人も入居しているサ高住が増えています。

介護は外部サービスを利用しますが、あくまでも契約した時間しかサービスを受けることはできません。それ以外の時間は、自分で何とかするか、ヘルパーの次の訪問時までガマンして待つかです。

しかし、認知症の人はどうでしょうか？　「夜間の徘徊」「大声で叫び、暴れ回る」「廊下への排泄」など、迷惑行為を起こすことがありますが、その場合は身元保証人と協議して、他の施設へ移ることもあります。

また、看護師などの医療系専門員の常駐は少ないのが実情です。

サ高住は、制度が始まってまだ年数も浅く、新設のところが多いため、これから問題が表面化してくる可能性も一応押さえておく必要があります。

入居時に数千万円が必要な場合がある

サ高住は、一般の賃貸マンションと同様の「賃貸借契約」が中心です。

マンションタイプの賃貸住宅のため、一般的に**「敷金」**として家賃の2か月分程度にあたる数十万円で入居できます。

賃貸住宅特有の礼金、更新料はかかりません。「入りやすく、出やすい」のがポイントです。

ただし、入居時に家賃やサービスの対価として前払金が数百万円〜数千万円必要なところもあります。

「家賃」は、地域や共用施設のグレードにより、数万円から数十万円

サ高住にかかる費用

敷金 （家賃の２か月分程度）

家賃 ＋ **管理費** ＋ **食事代など** ＝ **月額費用**
（オプション）

月額 10 万円〜25 万円程度

※入居時に数百万円〜数千万円の前払金が必要な場合がある。
※介護を受ける場合は、介護サービス事業所と別途契約。

程度まで幅があります。

その他、**「管理費」**や**「食事代」**などのサービス利用料などがかかります。月額費用は 10 万円〜 25 万円程度です。

もちろん介護が必要になれば、**「介護費用」**（１割負担分）もかかります。

サ高住の探し方

サ高住は、建物に「サービス付き高齢者向け住宅」と明記されているわけではありません。

どこにどんなサ高住があるのかを探すには、インターネットで、**「サービス付き高齢者向け住宅情報提供システム」**（http://www.satsuki-jutaku.jp/）から「登録住宅を探す」をクリックして検索するのが一番です。都道府県ごとに、登録されている住宅の名称、住所、家賃、専用面積、サービス、竣工年月、問い合わせ先などを知ることができます。

また、希望する家賃概算、専用面積、市区町村、提供サービスなどを入力して、「絞り込み検索」をすることが可能です。

27 介護付き有料老人ホーム VS サ高住

ここがポイント！ 介護付き有料老人ホームは、入居と同時に定額で介護が受けられます。しかし、サ高住で介護サービスを受けるには、別途契約が必要です。

サ高住はさらなる住みかえが必要？

　介護付き有料老人ホームは、入居と同時に24時間介護が付いていて、最期まで安心して生活できます。それに対してサ高住は、賃貸借契約で、介護は別契約が必要です。

　費用はどうでしょうか。一般的に、有料老人ホームは、入居一時金が必要で、退去時には確実に返還金が減少しているか、なくなっています。入居一時金の他に、月額費用も必要です。

　一方、サ高住のほとんどは、入居時に敷金が家賃の2か月程度かかるほかは、毎月の家賃などで10万円〜25万円程度です。

　ただし、入居一時金がゼロの介護付き有料老人ホームがあったり、入居時に高額な費用がかかるサ高住もあったりと、どちらが高いか安いかは一概にいえません。

　全体として、共同生活の有料老人ホームと、自由でマイペースな生活のサ高住という雰囲気の違いがあります。

　サ高住に入居しても、介護が必要になったり、認知症になったりすると、居宅介護サービス費の1割負担を超えて介護費用が高くなることがあり、介護施設に住みかえるほうが安く、安心なケースもあります。

　サ高住は、自由な雰囲気で、介護付き有料老人ホームは、重介護にな

介護付き有料老人ホームとサ高住の比較

	介護付き有料老人ホーム	サ高住
管轄官庁	厚生労働省	国土交通省・厚生労働省の共管
根拠法	老人福祉法	高齢者住まい法
建築形態	福祉施設（事業所） 13㎡以上	共同住宅 25㎡以上（18㎡以上）
介護	介護付き（特定施設）	外部サービスを利用
主な居住者の権利	利用権方式など	借地借家法に基づく賃貸借契約
入居一時金	あり（ただしゼロも増加）東京都のガイドライン（2011年9月〜）は、入居一時金の初期償却ゼロのみ"適"	なし（敷金程度が主流、家賃の2か月分程度）
行政関与	届出義務、行政指導あり	登録（行政指導） 補助金、税制優遇、融資（金利優遇）あり
総量（入居者数）規制	あり（介護財政の悪化による）	なし
傾向	新規建設は困難な地域もあり	急増中
その他	介護重視	自由度重視

っても住み続けられるので安心感があるというのが一般論です。

　しかし近年は、夜間看護の充実を図り、中介護程度の人まで積極的に受け入れ、看取りまで行なうサ高住も出てきています。

サービス付き高齢者向け住宅のチェックポイント

メリット

- ☐ 安否確認、生活相談サービスが付いている
- ☐ バリアフリー構造でくらしやすい
- ☐ 必要なサービスだけを選択して利用できる
- ☐ プライバシーが守られる
- ☐ テナントとして、介護サービス事業所が入居しているケースが増えてきている
- ☐ 敷金程度で入居できることが多い
- ☐ 賃貸住宅なので、入りやすく、出やすい
- ☐ 賃貸借契約なので、入居者の権利が守られている
- ☐ 介護付き有料老人ホームと比べて自由度が高い

デメリット

- ☐ 介護は外付けのため、別途契約が必要
- ☐ 手厚い介護は受けられない
- ☐ 基本的に認知症の対応はない
- ☐ 重介護になると、住みかえが必要になることもある
- ☐ 看護師などの医療系専門員の常駐は少ない
- ☐ さまざまなサービスが別建ての場合、月額費用がわかりにくいことがある

第5章

資産価値を期待？「シニア向け分譲マンション」

28 シニア向け分譲マンションで第二の人生を謳歌

ここがポイント！ 共用施設が充実していて、「ラグジュアリーライフ」が手に入ります。フロントには「コンシェルジュ」が待機する、贅沢な空間です。

シニア向け分譲マンション＝高齢者向け分譲マンション

「シニア向け分譲マンション」はその名のとおり、高齢者のための分譲マンションです。

一般の分譲マンションと比べてエントランスなどの共用スペースが広々とゆったりしていて、サービスも充実しています。

シニアライフを謳歌したい富裕層には、潤いと充足感を感じさせ、ラグジュアリーな雰囲気を醸し出しているのが魅力といえます。

ただし、その分は購入費用（管理費を含む）にオンされ、一般の分譲マンションよりも割高です。

あこがれの優雅な生活

シニア向け分譲マンションの豪華な共用施設とは、具体的にどのようなものでしょうか？

ハード（建物）面では、好きなときだけ利用できるレストラン、温泉を含めた大浴場、趣味のために利用できる娯楽室、シアタールーム、フィットネス室、図書室、アトリエ、囲碁・麻雀室などがあります。

また、外部の人も利用できるクリニックや、介護サービス事業所がテ

F子さん（65歳）のケース

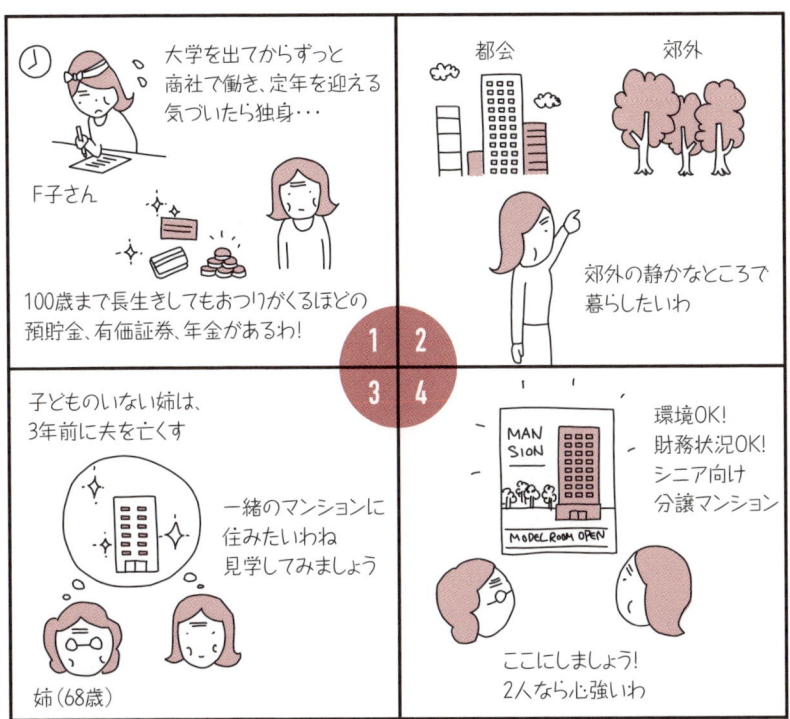

1. 大学を出てからずっと商社で働き、定年を迎える 気づいたら独身…
F子さん
100歳まで長生きしてもおつりがくるほどの預貯金、有価証券、年金があるわ！

2. 都会　郊外
郊外の静かなところで暮らしたいわ

3. 子どものいない姉は、3年前に夫を亡くす
姉（68歳）
一緒のマンションに住みたいわね 見学してみましょう

4. MANSION MODEL ROOM OPEN
環境OK！ 財務状況OK！ シニア向け分譲マンション
ここにしましょう！ 2人なら心強いわ

　独身のF子さんは、大学を出てからずっと商社で働き、定年を迎えました。100歳まで長生きしてもおつりがくるほどの預貯金、有価証券と年金があります。

　そこで、都心から少し郊外の、静かなところで生活したいと思い始めました。ちょうど、子どものいない姉（68歳）が3年前に夫を亡くし、一緒に住みたいと話し合っていたところです。

　最近、建ったばかりのシニア向け分譲マンションを見学してみたところ、2人とも大変気に入りました。

　1人で見知らぬ土地に転居するのは心細いけれど、気心の知れた姉と一緒ということで、話がトントン拍子に進みました。

第5章　資産価値を期待？［シニア向け分譲マンション］

ナントとして入っているところもあります。

　居室（1LDK～3LDK）はバリアフリー構造で、トイレや浴室の手すりや緊急時のコールボタンなど、シニア層にはうれしい設計になっています。

　ソフト（サービス）面では、基本サービスとして、フロントサービスや見守りサービス、緊急時対応サービス、掃除や洗濯のサポートなどがあります。フロントには**「コンシェルジュ」**が待機し、何かと相談に乗ってくれます。

　その他、オプションで食事サービスや、病院への送迎、ゲストルームなどが付いているところもあります。

　このように、シニア向け分譲マンションには比較的元気なシニアが人生の後半を優雅にすごすための至れり尽くせりの工夫が見られます。

　わずらわしいともいえる家の掃除や庭仕事、食事づくりなどから解放され、自分の好きなことに専念できる環境を手に入れることができるのです。

　足腰が弱ってきても、気力は充実していて、残りの人生を思う存分、自分らしく生活したいシニアにはうってつけといえるかもしれません。

入居の要件は？

　入居の要件は、自立していて、身の回りのことができることです。要介護認定を受けている場合は相談が必要です。

　また、年齢制限を設けている物件が多くなっています。「60歳以上」「65歳以上」などですが、「50歳以上」のところもあります。

共用施設の例

●ハード（建物）面
- レストラン
- 娯楽室
- フィットネス室
- アトリエ
- 居室はバリアフリー構造（トイレや浴室の手すりや緊急時のコールボタンなど）
- 大浴場
- シアタールーム
- 図書室
- 囲碁・麻雀室
- テナントとして、クリニックや介護サービス事業所が入っている　など

●ソフト（サービス）面
- フロントサービス
- 緊急時対応サービス
- 食事サービス（オプション）
- 見守りサービス
- 掃除や洗濯のサポート
- 病院への送迎　など

コンシェルジュ

29 シニア向け分譲マンションの販売価格は数千万円程度

ここがポイント! シニア向け分譲マンションの多くは、購入価格が1500万円〜1億数千万円程度。さらに、管理費のほかに、修繕積立金、固定資産税などもかかります。

介護が必要になると？

シニア向け分譲マンションは、介護が外部サービスを利用する方式です。そのため、介護が必要になれば介護サービス事業所と契約し、自室に来てもらわなければなりません。

管理人や職員が常駐していますが、直接介護を受けられるわけではありません。要介護度が重くなったり、認知症が進んだりすると、住み続けるのが困難になることがあります。

軽介護のあいだはそれで十分に生活できます。しかし、1人で食事や入浴ができなくなる中介護〜重介護になってからが問題です。

それでも夫婦で入居する場合は、一方が介護をしながら生活が可能かもしれません。

ただし、独居の場合は深刻です。重介護になれば、安心してくらすために、介護付き有料老人ホームへの住みかえを検討するようになります。

売行き好調の物件は介護の不安に対応したところ

シニア向け分譲マンションは、全国的に物件の数はそれほど多くありませんが、関西圏で目立ちます。シニア向けとはいえ不動産なので、地

シニア向け分譲マンションにかかる費用

購入費用 一般の分譲マンションよりも割高

管理費 ＋ 修繕積立金 ＋ 固定資産税 ＋ 食事代 ＋ 不動産取得税 ＝ 月額費用
　　　　　　　　　　　　　　　　　　（オプション）　（購入翌年）

月額費用は物件によって異なる

価の高い都市部では販売価格は高額です。

エリアはもちろん、居室の面積や方角、階数によりますが、**「購入費用」** は一般の分譲マンションよりも割高で、多くは1500万円〜1億数千万円程度です。

「管理費」 は、設備や付いているサービスによって差がありますが、多くは月額3.5万円〜15万円程度（1人）です。

この管理費のほかに、**「食事代」**（オプション）や、**「修繕積立金」「固定資産税」** などがかかります。さらに、購入翌年に **「不動産取得税」** がかかることも忘れてはなりません。

なお、要介護状態になり、共用施設を利用しなくなっても、入居中は管理費が必要です。

販売価格が高くなっても、クリニックや介護サービス事業所がテナントとして入っているところは売行きが好調です。あくまでもテナントなので介護は別契約ですが、ケアマネージャーが常駐していれば安心感が高いのは事実です。

30 資産価値はあるが、売却時の問題点がある

ここがポイント! シニア向け分譲マンションは資産価値が高く、相続できるといわれていますが、それは相続人次第です。メリット・デメリットを正確に把握しましょう。

「所有権」という強い権利で守られている

シニア向け分譲マンションは、相続・売却・賃貸が可能な**「所有権」**があります。入居者の権利が守られ、強いのですが、その分、他の入居者の権利も強いわけです。

そのため、解決がむずかしい事態が起こる可能性もあります。

入居当初は比較的元気なシニアが集まるので、問題は表面化しないことが多いのですが、年数が経過すると、高齢化が進み、認知症になる人も増えてきて、トラブルの可能性も芽生えてきます。

介護付き有料老人ホームでは、職員が直接対応してくれますが、シニア向け分譲マンションでは、コンシェルジュが対応します。ただし、限界があります。

物件の管理・運営は、開発事業者の系列会社にほとんど委託されています。

また、いずれ大規模修繕という大問題に直面するときがやって来ます。その時点で、入居者の大半は変わっているか、超高齢化している可能性があるかもしれません。

資産価値があり、子どもに相続できる

　前述のように、シニア向け分譲マンションは所有権があるため、資産価値を有する物件となり、子どもに相続させることが可能です。

　もし、相続人の誰かがその物件に移り住みたいという場合は、資産価値を有効に引き継げます。

　しかし、そううまくいくとは限りません。シニア向け分譲マンションの多くで入居に「60歳以上」などの年齢制限を設けており、その年齢に達していない場合は、住みかえができません。

　また、相続人が遠方で在職中などの場合も、現実には住みかえることができません。

　それでも、管理費、修繕積立金、固定資産税を支払い続けなければなりません。資産価値があることが、かえってマイナスに働いてしまうことも押さえておく必要があります。

売却ルートは2通り

　シニア向け分譲マンションから住みかえることもあるでしょう。

　シニア向け分譲マンションの売却ルートは2通りです。

　1つは、管理事業者に依頼する方法です。物件の管理・運営はその系列会社がほぼ行なっています。そこを通して、購入希望者を募集すると有利です。売却に親身になってくれる管理事業者もあります。

　もう1つは、一般の不動産業者との媒介契約です。

　この場合は、近隣の相場と照らし合わせて、物件の販売価格が設定されます。あくまでも居室の床面積が基本となるため、いくら共用施設が充実していても、販売価格に反映されないことから、希望よりも低めに設定されるケースもあります。

売却はスムーズか？

シニア向け分譲マンションの売却は、実際にはどうなのでしょうか？

売りに出したら早く売りたいのが心情ですが、希望どおりの価格で買い手が見つかるものではありません。

古くなった物件では、売値を相当落としても買い手がつかないケースがあるようです。

部屋を空け、介護付き有料老人ホームもしくは病院へ移っても、売れるまでは管理費、修繕積立金、固定資産税を支払い続けることもあります。

シニア向け分譲マンションの相続

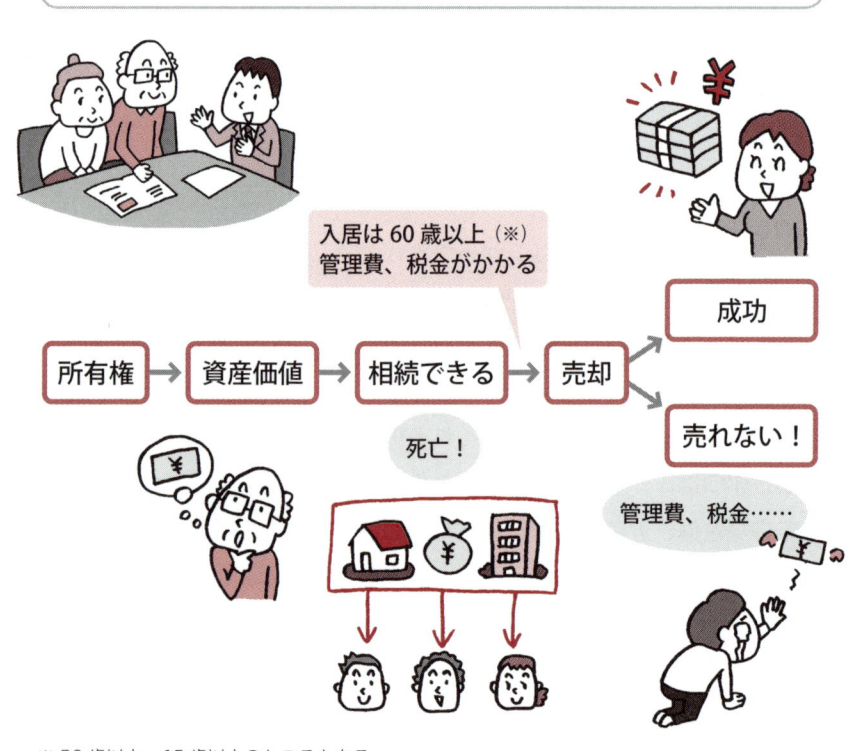

所有権 → 資産価値 → 相続できる → 売却 → 成功／売れない！

入居は60歳以上（※）
管理費、税金がかかる

死亡！

管理費、税金……

※ 50歳以上、65歳以上のところもある。

シニア向け分譲マンションのチェックポイント

メリット

- ☐ 高齢者が住みやすい環境、設備やサービスが充実している
- ☐ 所有権なので、資産価値があり、子どもに残すことができる
- ☐ 所有権なので、入居者の権利が守られている

デメリット

- ☐ 絶対数が少ないため、選択肢が少ない
- ☐ 購入費用が高額なことが多い
- ☐ 共有部分が広い分、管理費が高額になる
- ☐ スムーズに売却できない場合でも、管理費、固定資産税がかかる
- ☐ 子どもが相続すると、入居するまでの期間も管理費、固定資産税がかかる

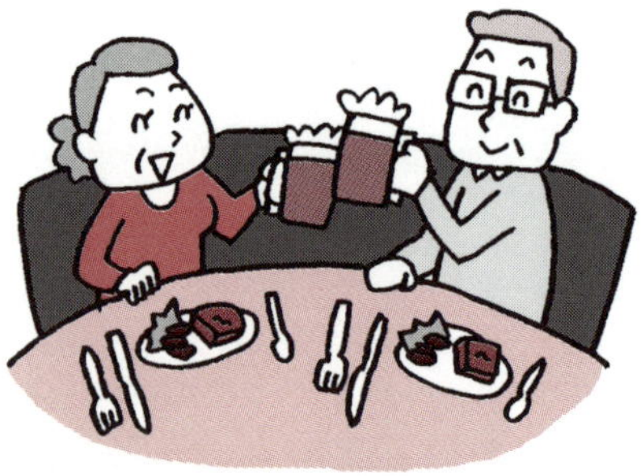

第6章

独居で身寄りの ない人に向く 「ケアハウス」

31 ケアハウスは「軽費老人ホーム」の一種

ここがポイント! ケアハウスには「自立型」と「介護型」があります。特定施設の指定を受けた介護型のケアハウスでは、食事付きで、車イスでの生活が可能です。

A型・B型・ケアハウス（C型）

「**軽費老人ホーム**」は、60歳以上で、身体機能の低下などにより自立して日常生活を営むことに不安がある身寄りのない人、家庭の事情により家族との同居が困難な人などが入居する施設です。

この軽費老人ホームには、「**A型**」「**B型**」「**ケアハウス（C型）**」の3つのタイプあります。

これらは原則、地方自治体や社会福祉法人などが設置・運営しています。

A型とB型は、建設されてから年月が経ち、老朽化が進んでいるところが少なくありません。

2008年6月から、A型とB型が、ケアハウスの基準に統一されました。そのため、A型とB型は建てかえを行なうまでの「**経過的軽費老人ホーム**」とされています。

今後はケアハウスが中心になりますが、「**都市型軽費老人ホーム**」（126ページ参照）も登場してきています。

G子さん（76歳）のケース

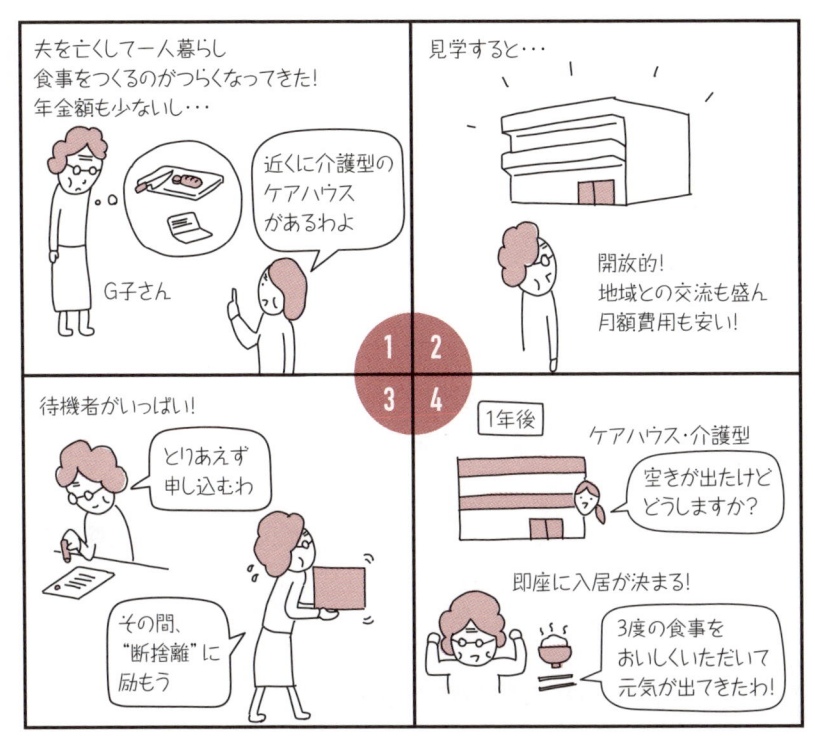

1. 夫を亡くして一人暮らし 食事をつくるのがつらくなってきた！ 年金額も少ないし…
G子さん
「近くに介護型のケアハウスがあるわよ」

2. 見学すると…
開放的！ 地域との交流も盛ん 月額費用も安い！

3. 待機者がいっぱい！
「とりあえず申し込むわ」
「その間、"断捨離"に励もう」

4. 1年後
ケアハウス・介護型
「空きが出たけどどうしますか？」
即座に入居が決まる！
「3度の食事をおいしくいただいて元気が出てきたわ！」

　夫を亡くし、一人暮らしのG子さんは、現時点では自立していますが、だんだん食事をつくることがつらくなってきています。年金額が少ないこともあり、将来への不安が強まっていたところ、知り合いから介護型のケアハウスがあることを教えてもらいました。
　見学してみると、想像以上に開放的で、地域との交流に力を入れていました。しかも、有料老人ホームと比べると、入居一時金や月額費用も安かったので、申し込むことにしました。
　人気施設のため、待機者が多くいましたが、1年後、「空きが出たが、入居の意思はあるか」という連絡が入り、無事に入居が決まりました。

介護型は食事が付いている

ケアハウスは「自立型」と「介護型」の2つのタイプに分かれます。

自立型は自立者が入居し、軽介護になれば、「訪問介護」や「デイサービス」を利用します。しかし、自立型で生活していけるのは要介護2程度までで、中度～重度になると、基本的に住み続けるのがむずかしくなります。特別養護老人ホームなどへの住みかえを検討することになります。

近年は、介護の必要な入居者が増えてきたことで、介護保険制度が導入されてから、介護型が設置されるようになりました。

そのため、自立型が「特定施設」の指定を受けて介護型に変わったところと、最初から特定施設の指定を受けて設置された介護型の2通りあります。

介護型のケアハウスでは、食事付きで、車イスでの生活が可能です。特定施設の指定を受けているので、「3：1」以上の介護が受けられます。

施設ごとにサービスに特色がある

ケアハウスでは、それぞれ独自のサービスを行なっていて、施設ごとに特色があります。

たとえば、外出時の送迎・付き添い、買い物代行、服薬管理、食事の配下膳などのサービスが提供されています。無料かどうかは施設により異なります。ある施設では、半径5km以内の病院への送迎は無料ですが、それ以上は有料というところもあります。

ケアハウスの居室の大半は「個室」で21.6㎡以上ですが、夫婦で入居する「2人部屋」は31.9㎡以上です。居室にはトイレやミニキッチン、洗面所などが設置されています。共用設備として、レストランや大浴場を完備したところもあります。

自立型と介護型のケアハウス

自立型
（介護は外部サービスを利用）

介護型
（特定施設）

介護型は看取りを行なうところもある

　介護が受けられる介護型でも、看取りまで行なってくれて、最期まで居られる施設と、重介護になると、住みかえなければならない施設があります。ただし後者も、特別養護老人ホームなどへの入居までの待機期間は、介護が受けられます。
　終のすみかとなる前者は人気があります。入居待機者が、数十人いるところもあります。

32 比較的安く入居できる ケアハウスは人気

ここがポイント！ 介護が付いていて、費用も比較的安い介護型のケアハウスは人気の施設ですが、入居の難易度が施設によってかなり異なるので、個別に確認しましょう。

手頃な費用で入居できる

ケアハウスは、いわば"公的老人ホーム"です。

月額費用は、家賃相当額の**「居住費」**と、食事を含む**「生活費」**が自己負担です。公的施設のため、所得に応じて**「サービス提供費」**が加算されます。具体的には7万円～20万円程度と、比較的手頃な費用となっています。

介護型のケアハウスに要介護1で身の回りのことができるときに入居すれば、最期まで安い月額費用でくらすことも可能です。

「入居一時金」（前払家賃）は、徴収するところとそうでないところと施設によってさまざまです。

A型とB型についても、簡単にまとめておきます。

●A型

- 自炊ができない人向け（食事付き）で、食堂が併設されている。
- すべて個室で、居室の床面積は6.6㎡以上。
- 月収がおおむね34万円以下の人が申し込める（生活にあてることのできる収入が、施設利用料金の2倍以下……資産・収入・仕送りなどの合算で）。

> **ケアハウスにかかる費用**
>
> 居住費 ＋ 生活費 ＋ サービス提供費 ＝ 月額費用
> （家賃相当額）（食費など）
>
> 月額7万円～20万円程度

※サービス提供費は収入により軽減される。
※前払家賃方式を選択できる場合がある。

- 月額費用は6万円～17万円程度（所得に応じて異なる）。
- 入浴の準備や緊急時の対応、相談など、日常生活に必要な便宜が図られている。

● B型
- 自炊ができる人向け（食事なし）。
- すべて個室で、自炊設備が備えられている。居室の床面積は16.5㎡以上（2人部屋は24.8㎡以上）。
- 自炊のため、月額費用は3万円～4万円程度。

地元の人を優先する施設もある

　ケアハウスは施設により、入居難易度がかなり異なるので要注意です。
　入居希望者は、まだまだ地域の活動や買い物、友だちとの語らいなどで出歩き、生活を謳歌したい人たちですから、交通の便がよく、坂道の少ない好立地の施設は人気です。もちろん、介護の内容が充実したところは、総じて人気が高くなっています。
　また、入居にあたり「地元の人を優先します」という施設があります。「地元」といっても、施設の所在地の市区町村だけでなく、隣接するエリアを含むこともあるので、施設に確認しましょう。

33 「都市型軽費老人ホーム」が新たに登場

ここがポイント！ 今後は、首都圏をはじめ、都市部で高齢者の住まい不足が深刻化してきます。そこで新たに登場したのが「都市型軽費老人ホーム」です。

「都市型軽費老人ホーム」とは？

2010年4月、都市部の高齢者施設・住宅の不足を補うために、**「都市型軽費老人ホーム」**の設備・運営基準の法改正が行なわれました。

都市型軽費老人ホームは、老人福祉法に基づく定員20人以下の小規模な軽費老人ホームです。

今後、人口が多い首都圏をはじめ、都市部で高齢化が急速に進み、さまざまな問題が生じてくるといわれています。特に都市部では地価が高いため、高齢者住宅建設には多額の資金がかかります。増え続ける高齢者の数に合わせて、居室の基準（21.6㎡以上）を満たし、トイレやキッチン、洗面所などを整備して建てることは容易ではありません。

そこで、都市部を中心に、居室の面積を狭くする（最低7.43㎡）、トイレやキッチン、洗面所を共有化するなどの特例を設け、利用料の低廉化を図るとともに、見守りサービスなどを付けたのがこの施設です。

都市型軽費老人ホームは福祉事業のため、入居一時金はかかりません。また、月額費用（管理費、生活費など）は所得により異なりますが、11万円〜14万円程度と安くなっています。

介護が必要になると、個別に訪問介護やデイサービスなどを利用します。夜間も職員が常駐しているため、緊急コールで対応してもらえるの

都市型軽費老人ホーム

- 施設長とスタッフで1～2人程度
- 居室は狭い
- 介護は付いていない
- 費用が安い

申し込みは市区町村へ。制度があるところはまだ少ない。

は心強い点です。

　現在、この特例が適応されている地域は次の区域だけです。この区域の住民しか入居できないことになっています。

- 首都圏：東京23区、武蔵野市、三鷹市、横浜市、川崎市、川口市の特定の区域
- 近畿圏：大阪市ならびに京都市、守口市、布施市、堺市、尼崎市、西宮市、芦屋市の特定の区域
- 中部圏：名古屋市の特定の区域

　もちろん、重介護になり、共同生活を営めなくなると、退去しなければならないこともあります。

ケアハウスのチェックポイント

メリット
- ☐ 公的施設なので、設備が充実している
- ☐ 介護型は、要介護度が上がっても住み続けられるところが多い
- ☐ 総じて費用が安い

デメリット
- ☐ 介護型は人気があり、待機期間が長くかかるところがある
- ☐ 地域によって入居しにくいところとそうでないところがある（地域差が大きい）
- ☐ 施設による差が大きい
- ☐ 重度の要介護状態では、基本的に住み続けられないところがある

第7章

公営の高齢者世話付き住宅！「シルバーハウジング」

34 シルバーハウジングには生活援助員の世話が付く

ここがポイント！ シルバーハウジングは、高齢者のための公営のバリアフリー賃貸住宅です。「ライフサポートアドバイザー」によって生活支援のサーポートが受けられるので、人気があります。

公営住宅の一部分をバリアフリー改修

「シルバーハウジング」は、自立した一人暮らしの高齢者や高齢者夫婦世帯が、安心して快適にくらせる住まいとして、ハード・ソフト両面にわたって配慮して建てられた公的賃貸住宅です。1987年から制度化されています。

ハード（建物）面では、住宅施設と福祉施設の連携により、都営・県営住宅の一部分をバリアフリー改修したものがあります。手すりや段差の解消のほか、居室や浴室、トイレには緊急通報用のボタンを設置しています。

また、ソフト（サービス）面では、「ライフサポートアドバイザー（LSA）」と呼ばれる生活援助員から、生活支援などのサポートが受けられます。シルバーハウジングが、別名"高齢者世話付き住宅"といわれるゆえんです。

シルバーハウジングは国が高齢者に配慮した住宅の供給を推進するためにつくった制度ですが、実際の事業は都道府県、市区町村が推進しています。そのため、地域によって名称が異なる場合があります。東京都や神奈川県の一部では「シルバーピア」の名称が一般的です。

ちなみに、東京都ではLSAを「ワーデン」と呼んでいます。

H男さん（66歳）　妻（63歳）のケース

H男さん夫婦は、現在の住まいの賃貸契約が半年後に切れますが、かねてから建てかえのため、退去するように言われていました。ずっと賃貸で生活してきて年金額も多くないので、途方にくれていました。

そんなとき、2つ先の駅にほど近い公営住宅の一部分が「シルバーハウジング」という高齢者向け住宅になり、60歳から入居できることを知りました。

夫婦で市役所へ話を聞きに行くと、条件に合致しているということで、すぐに申し込みました。その後、面談を経て、運良く空室に転居できました。ライフサポートアドバイザー（生活援助員）が親切で、緊急時の対応もしてくれて、夫婦ともども元気を取り戻しました。

事業者の主体は、地方自治体、ＵＲ都市機構などです。

　シルバーハウジングに申し込めるのは「60歳以上」の高齢者です。東京都や神奈川県の一部など、「満65歳以上」「夫婦の場合はどちらか一方が満65歳以上で他の一方が満60歳以上」と指定しているところもあります。そして、自炊が可能など、自立した生活が営める健康状態でなければなりません。

　基本的に、住宅に困窮している人が対象ですから、持ち家のある人や、公営住宅に住んでいる人は申し込むことができません。住民税を滞納していないことも、申し込みの要件です。

　なお、障害者とその配偶者も申し込むことができます。

ライフサポートアドバイザー（ＬＳＡ）の仕事

　シルバーハウジングに待機しているＬＳＡの主な仕事は次のとおりです。

①生活指導・相談・安否確認

　入居者の相談を聞き、必要があればＬＳＡが保健医療福祉などの専門職に連絡をとります。また、地域活動や各種サークル活動の紹介、参加の呼びかけを行ないます。

　安否確認は、１日２回行ないます。

②一時的な家事援助

　急病のときなどは、ＬＳＡが一時的な家事援助を行ないます。

③緊急時の対応

　居室に緊急通報装置が設置され、これをタッチするとＬＳＡが緊急対応できるようになっています。

　入居者が病気になったときは、家族や医療機関へ連絡します。

シルバーハウジングとLSA

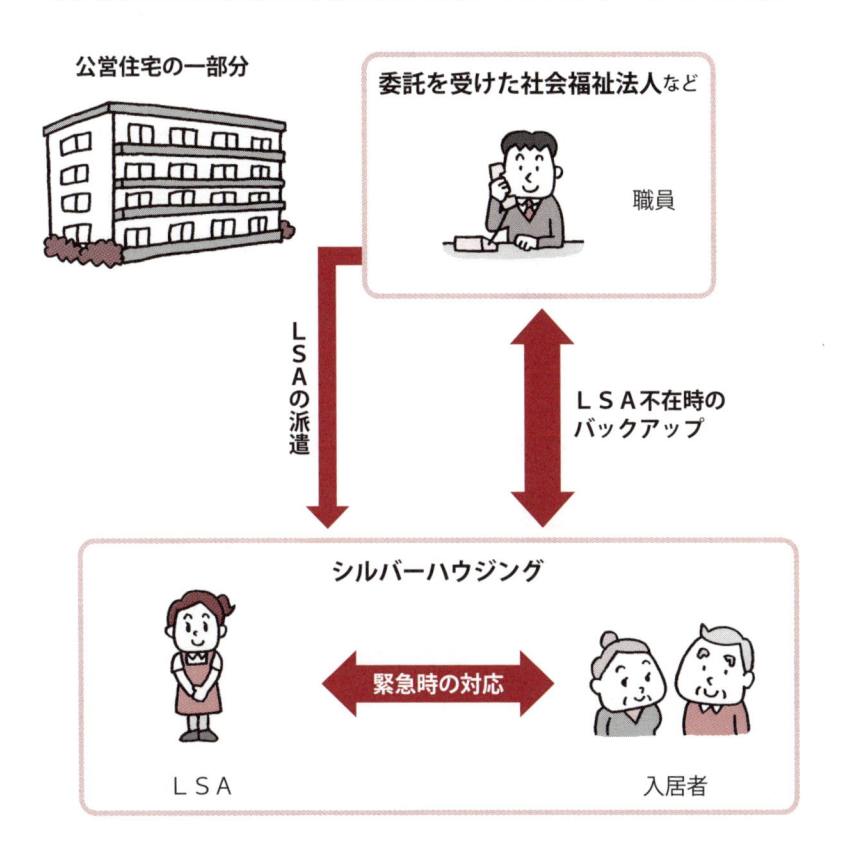

公営住宅の一部分

委託を受けた社会福祉法人など

職員

LSAの派遣

LSA不在時のバックアップ

シルバーハウジング

LSA ← 緊急時の対応 → 入居者

④健康保持・健康管理

　LSAが入居者の身体状況を把握し、健康増進や保持に留意します。

⑤その他、日常生活上必要な援助

　LSAは、市区町村から委託された社会福祉法人などから派遣されています。LSAは平日昼間の勤務ですが、夜間や休日などの不在時は、通報装置によって、派遣元の社会福祉法人などの職員が対応します。

35 介護が必要になると、退去しなければならない？

> **ここがポイント!**
> シルバーハウジングは所得が低い人にはうれしい高齢者向け住宅ですが、介護は付いておらず、自立者向けの住宅であるため、終のすみかになりにくいです。

シルバーハウジングは慢性的に不足

シルバーハウジングは、若い人やファミリー層と同じ団地内のある部屋で生活できることがメリットです。

団地内には生活相談・団らん室があり、多世代の交流が可能で、いわば高齢者だけの住宅ではなく、**「多世代共生住宅」**です。

高齢者を囲い込まないという意味では、理想の生活空間といえるかもしれません。

もちろん、隣近所に高齢者が住んでいるとは限らず、LSA以外に話し相手がいないこともあり得ます。

高齢者が3000万人を超え、長寿化する中、シルバーハウジングは慢性的に不足しています。シルバーハウジングの数は全国で2万3000室程度です。人気の高いところでは、申込者による抽選が行なわれ、希望してもなかなか入れないことがあります。

公営住宅に準じて家賃は廉価

居室は、都営・県営住宅の一部分をバリアフリー改修しているので、その公営住宅に準じます。

> シルバーハウジングにかかる費用

- 敷金
- 火災保険料
- 仲介手数料（不動産業者を介した場合）

家賃 ＋ 共益費 ＋ その他 ＝ 月額費用

月額1万円〜10万円程度

※介護を受ける場合は、介護サービス事業所と契約。

また、入居にあたり、所得の上限が決められています。

月額費用は、主に「**家賃**」と「**共益費**」です。家賃は所得により異なりますが、1万円〜10万円程度と安いです。

その他、入居時に「**敷金**」や「**火災保険**」などが必要になります。

介護は別途契約する

シルバーハウジングは、あくまでも自立者向けの住宅であり、LSAから直接介護してもらえるわけではありません。

介護を受ける場合は、介護サービス事業所と契約し、自宅に「**訪問介護**」に来てもらうことになります。

シルバーハウジングは、近隣の介護サービス事業所と連携しているの

で、昼間はその系列の**「デイサービス」**で、食事や入浴などの介助を受けます。

　軽介護であれば、訪問介護やデイサービスの利用で生活できるかもしれませんが、重介護になると退去しなければならず、特別養護老人ホームなどへの住みかえを検討することもあります。

シルバーハウジングのしくみ

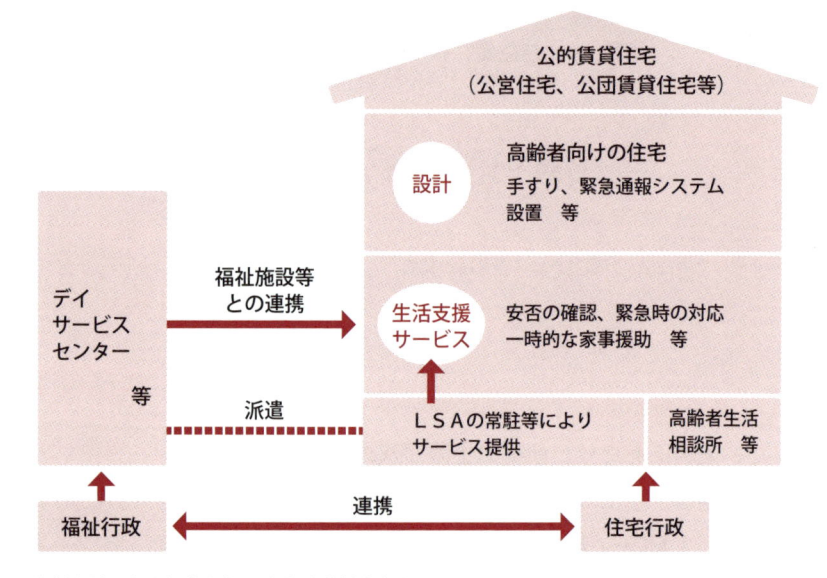

```
公的賃貸住宅
（公営住宅、公団賃貸住宅等）

設計　　高齢者向けの住宅
　　　　手すり、緊急通報システム
　　　　設置　等

デイサービスセンター 等　──福祉施設等との連携──▶　生活支援サービス　安否の確認、緊急時の対応
　　　　　　　　　　　　　　　　　　　　　　　　　　　　　　　　　　一時的な家事援助　等
　　　　　　　　　　　　　　　　　　　　　　　　　　　　　　　　
　　　　　　　　　　　　　　‥‥派遣‥‥　　　　　LSAの常駐等により　　　　高齢者生活
　　　　　　　　　　　　　　　　　　　　　　　　サービス提供　　　　　　相談所　等
　　　▲　　　　　　　　　　　　　　　　　　　　　　　　　　　　　　　　　▲
　　福祉行政　◀──────────連携──────────▶　住宅行政
```

資料出所：内閣府『平成19年版高齢社会白書』

Column 5

シルバーハウジング構想

　シルバーハウジングは、国土交通省の住宅施策と厚生労働省の福祉施策が連携して、高齢者世帯向けの公的賃貸住宅を供給することを目的とした「シルバーハウジング構想」に基づいた取り組みです。

　この一環で、ＵＲ都市機構（独立行政法人都市再生機構）は民間事業者とコラボし、古くなった団地の再生に力を入れています。

　入居対象者は高齢者だけでありません。高島平団地（東京都板橋区）、千葉幸町団地（千葉県千葉市）、男山団地（京都府八幡市）など、全国で100程度の団地とその周辺で、子育て世代や障害者を含めた「多世代共生の街づくり」が進められています。

　たとえば、多摩平団地（東京都日野市）の「ルネッサンス計画」では、築50年の団地の一部分が、サ高住、小規模多機能型居宅介護（231ページ参照）、地域に開かれた食堂に生まれ変わりました。建てかえではなく、骨組みはそのままの大型リフォームです（そのため、室内に段差があるのはちょっと気になりましたが……）。

　ユニークなのは、敷地内に菜園付き住居や、外国人留学生と日本人学生のシェアハウスなどがあること。まさに多世代共生の団地再生の一例です。

シルバーハウジングのチェックポイント

メリット

- ☐ 新築物件、公営住宅の一部分をバリアフリー改修したものがあるが、安全な住まいである
- ☐ ライフサポートアドバイザー（生活援助員）によるサポートが受けられる
- ☐ 緊急時には家族にも連絡をしてもらえるので、安心感が高い
- ☐ 公営住宅の中にあることが多く、多世代の住民と交流ができる
- ☐ 家賃が安い

デメリット

- ☐ 自立者向きの住宅であるため、終のすみかになりにくい
- ☐ 隣近所に高齢者が住んでいるとは限らず、ライフサポートアドバイザー以外に話し相手がいない場合がある
- ☐ 要介護度が進んでくると、住みかえの必要が出てくる
- ☐ なかなか空きがない

第8章

介護保険が使えて費用が安い！「介護保険3施設」

36 介護保険の施設サービスで利用できる３つの介護施設

ここがポイント！ 「介護保険３施設」は、要介護１以上の人が安く入居できる公的な介護施設です。特別養護老人ホーム・介護老人保健施設・介護療養型医療施設があります。

介護保険３施設とは？

要介護１以上の人が、介護保険で利用できる**「入所系サービス」**が"**介護保険３施設**"です。それは次の３つです。

①特別養護老人ホーム

「特別養護老人ホーム」（以下**特養**）は日常生活での介護が受けられる、いわば"公的老人ホーム"です。一度入居できれば、高度な医療が必要にならない限り、最期まで居られる終のすみかになります。

②介護老人保健施設

「介護老人保健施設」（以下**老健**）は、病院を退院し、安定期にある人が、医学的管理下で、介護とリハビリを受けて在宅復帰をめざす施設です。入居期間は原則３か月です。

③介護療養型医療施設

「介護療養型医療施設」（以下**介護療養病床**）は、介護保険適用の「病院」です。長期の治療が必要で病状が安定している患者が、医学的管理下で、介護や療養上の看護などを受けられます。

介護保険3施設の比較

		特養	老健	介護療養病床
関係法規		介護保険法、老人福祉法	介護保健法	介護保険法、医療法
事業主体		地方自治体、社会福祉法人	地方自治体、社会福祉法人、医療法人	地方自治体、社会福祉法人、医療法人
役割		日常生活での介護	看護・医学的管理下の介護とリハビリ	医学的管理下の介護、療養上の看護
コンセプト		自立した日常生活への支援	在宅復帰への支援	療養生活の支援
1人当たり居室面積		10.65㎡〜（居室）	8㎡〜（療養室）	6.4㎡〜（病室）
利用料の目安（基準費用額）	多床室	約9万円	約10万円	約10万円
	ユニット型個室	約14万円	約15万円	約15万円
人員配置（定員100人の場合）	医師	必要数（非常勤可）	1人（常勤）以上	3人（常勤）以上
	看護師	34人以上（看護師3人）	34人以上	17人以上
	介護士			17人以上
	薬剤師	―	1人以上	1人以上
	機能訓練指導員	1人以上	―	―
	理学療養士（PT）	―	1人以上	適当数
	作業療法士（OT）			適当数
	生活相談員	1人（常勤）以上	1人以上	―
	ケアマネージャー	1人（常勤）以上	1人（常勤）以上	1人（常勤）以上

要介護1以上であれば、どんな身体状況・介護状況であっても、どんな介護施設でも選べるかというと、そうではありません。

介護保険3施設には、それぞれ担っている役割があります。この役割に応じて介護体制（人員配置）も変わってきます。老健や介護療養病床では、常勤医師を1人以上配置しますが、特養では、必要数を配置すればよく、非常勤医師でもかまいません。

介護保険3施設にかかる費用

特養などの入所系サービスを利用する場合は、1割の自己負担（**施設サービス費**）以外に、「**居住費**」（部屋代）や、「**食費**」「**光熱水費**」「**生活費**」などがかかるだけです。

有料老人ホームと違って、入居時にかかる一時金（入居一時金）が一切必要ありません。

施設サービス費や居住費は、3つの施設ごと、部屋のタイプ（多床室・ユニット型個室など）によっても差がありますが、総じて割安になっています。

ちなみに、オムツ代は無料です。

介護保険3施設にかかる費用（基本）

施設サービス費 ＋ 居住費 ＋ 食費 ＋ 光熱水費 ＋ 生活費 ＝ 月額費用

（1割負担分）　（部屋代）　　　　　　　　　　　（理美容代など）

介護保険3施設の月額費用の目安

類型	特養 多床室	特養 ユニット型個室	老健 多床室	老健 ユニット型個室	介護療養病床 多床室	介護療養病床 ユニット型個室
施設サービス費（1割負担分）	1万9020円～2万7360円	1万9890円～2万8410円	2万3760円～3万330円	2万3850円～3万420円	2万3580円～3万9600円	2万3670円～3万9690円
居住費（基準費用額）	9600円	5万9100円	9600円	5万9100円	9600円	5万9100円
食費（基準費用額）	4万1400円	4万1400円	4万1400円	4万1400円	4万1400円	4万1400円
合計	7万20円～7万8360円	12万390円～12万8910円	7万4760円～8万1330円	12万4350円～13万920円	7万4580円～9万600円	12万4170円～14万190円

※生活費および介護費用の加算を除く。
※1単位10円で計算。
※施設サービス費（1割負担分）は要介護1～5で計算。

（2014年5月現在）

（参考）施設サービス費の目安

個室や多床室など、住環境の違いによって自己負担額が変わります。介護保険施設を利用する場合は、費用の1割負担のほかに、居住費、食費、生活費も必要になります。

要介護5の人が特養の多床室を1か月利用した場合

項目	自己負担の目安金額
施設サービス費の1割	約2万8000円
居住費	約1万円（320円/日）
食費	約4万2000円（1380円/日）
生活費	約1万円（施設により設定）
合計	約9万円

要介護5の人が特養のユニット型個室を1か月利用した場合

項目	自己負担の目安金額
施設サービス費の1割	約2万8000円
居住費	約6万円（1970円/日）
食費	約4万2000円（1380円/日）
生活費	約1万円（施設により設定）
合計	約14万円

資料出所：「介護サービス情報公表システム」（厚生労働省）ホームページより

所得の低い人は居住費や食費が軽減

居住費や食費は全額自己負担ですが、所得の低い人に限り、軽減を受けられます。各市区町村が収入に応じて段階を設け、負担の上限を決めているので、それを超えた支払いはしなくてすみます。

この場合は、申請により「負担限度額認定証」を交付してもらう必要があります。

居住費や食費が軽減される対象者と負担限度額

単位：円／日

利用者負担段階		居住費の負担限度額				食費の負担限度額
		ユニット型個室	従来型個室		多床室	
			特養	老健／介護療養病床		
第1段階	・老齢福祉年金の受給者で、世帯全員が住民税非課税の人 ・生活保護を受給している人	820	320	490	0	300
第2段階	・世帯全員が住民税非課税で、本人の合計所得金額と公的年金収入額等の合計が年額80万円以下の人	820	420	490	320	390
第3段階	・世帯全員が住民税非課税で、本人の合計所得金額と公的年金収入額等の合計が年額80万円を超える人	1310	820	1310	320	650
第4段階	住民税世帯課税の人	1970	1150	1640	320	1380

（2014年5月現在）

37 特養は人気ナンバー1の公的介護施設

ここがポイント! 特養は、常時介護が必要で、在宅介護が困難な比較的重度の要介護者が生活するところです。2015年度から基本的に要介護3以上の人しか入居できなくなる予定です。

特養の概要

「**特養**」には常時介護が必要で、介護する家族がいない人が入居できます。ここは介護のほか、食事・入浴・排泄などの日常生活の世話、機能訓練、健康管理、療養上の世話を行なう施設です。

介護保険3施設はいずれも要介護1以上の人が入居できますが、特養は2015年度から基本的に要介護3以上の人しか入居できなくなる予定です。

なお、「特別養護老人ホーム」は老人福祉法上の名称で、介護保険法上の名称は**「介護老人福祉施設」**です。

3か月以上入院すると退去になることがある

特養には、**「配置医」**と呼ばれる医師が配置されています。

ただし、配置医は、施設の嘱託医として、定期健康診断や予防接種などの健康管理を行なうだけです。老健や介護療養病床のような医療ケアは期待できません。ですから、高度な医療が必要になれば、病院に入院することになります。そして、3か月以上入院すると、退去になることがあります。

I子さん（79歳）のケース

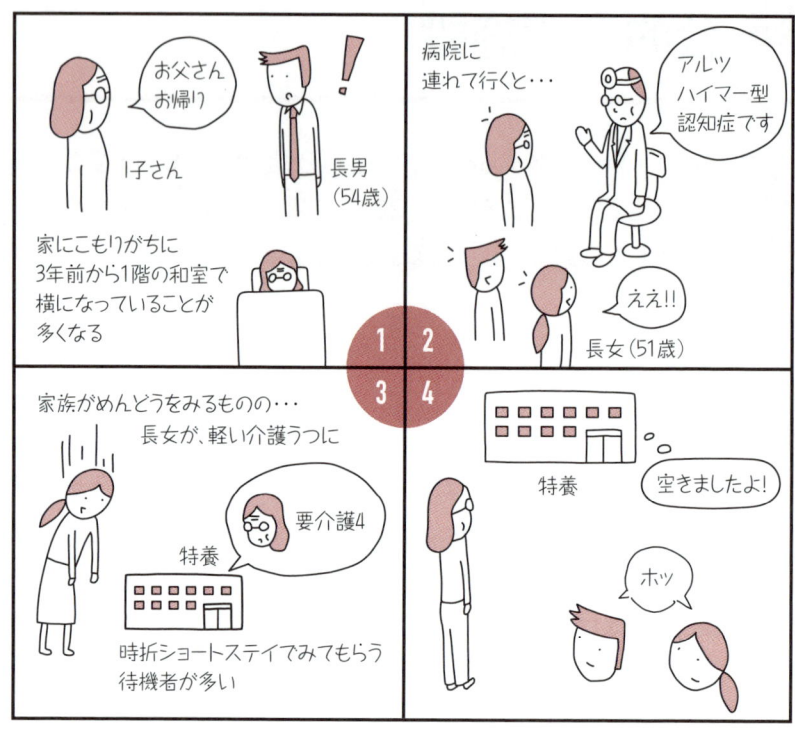

I子さん（要介護4）は、54歳の長男、51歳の長女と3人暮らし。I子さんは3年ほど前からぼうっとしている時間が増える一方で、長男が帰宅すると「お父さん、お帰り」と言葉をかける……。家にこもりがちになり、1階の和室でずっと横になっています。

専門の病院に連れて行くと、「アルツハイマー型認知症」との診断。長男は介護のため、出張を断るなど、勤務先に無理をお願いし、もともと虚弱体質の長女は、介護に疲れ果て、軽いうつになっています。

1年前から特養へ申し込んでいますが、なかなか入居の案内が来ません。時折、特養のショートステイを利用し、I子さんの状態を把握してもらいました。寝たきり状態になりつつあるとき、ようやく入居の案内が来ました。

ちなみに、看取りを行なう施設もあります。

特養の入居者は、医療依存度が高くない介護が必要な人で、介護を受ければ安定した生活をおくれる人が中心です。

特養の平均入居期間は5年程度ですが、介護を受けながら10年以上の長きにわたり、安定した生活をおくっている入居者もいます。

特養の人員配置

特養では、医師（配置医）のほか、看護師、介護士、ケアマネジャー、機能訓練指導員、生活相談員が配置されています。

入居者全員が要介護者ですから、常時介護が行なわれています。重介護者が多いので、入浴の介助はもちろん、トイレ誘導やオムツ交換などに人手も時間もかかります。

職員は1日中、走り回っています。そのため、イベントやレクリエーションなどを活発に行なっている施設は、それほど多くないのが実情です。

ただし、ボランティアによるイベントやレクリエーションを採り入れ、地域の人々との交流を図っているところも見られます。

「ユニット型個室」が増加

特養といえば、従来はカーテンなどで区切られた**「多床室」**（4人部屋など）や**「個室」**が一般的でしたが、近年は**「ユニット型個室」**が増えてきています（54ページ参照）。これは、10人程度の入居者を1つのユニットとして、食堂などを中心に個室を配置している**「ユニットケア方式」**です。

ユニット型個室は、プライバシーの面からも望ましいと思われますが、入居者の費用負担が大きくなるというデメリットがあります。

これは、各人の個室へ戻って、オムツ交換などを行なうので、人手が

かかる分、職員を多く配置しなければならなくなり、人件費が居住費に反映されてしまうからです。

特養の1日（例）

6:45	起床・モーニングケア
7:45	朝食
9:45	バイタルチェック・（入浴）
11:00	必要者離床
12:00	昼食
14:00	離床・おやつ・着がえ・（入浴）
14:30	（レクリエーション）
18:00	夕食
20:00	服薬
21:00	就寝
22:00	巡回

トイレ誘導・オムツ交換（随時）

38 待機者が多い特養はなかなか入れない!?

ここがポイント! 終のすみかとなる特養は、人気が高く、待機者が多くなっています。2〜3年待ちのところもあります。一番の理由は、費用が安い点が挙げられます。

待機者が多く、2〜3年待ちのところも!?

特養は絶対数が不足しています。人気が高く、入居申込者が後を絶ちません。現在、特養は全国に約8000か所ありますが、約51万人が入居し、ほぼ満室です。驚くことに、ほぼ同数の人（約51万人）が待機しているといわれています。

厚生労働省の集計で、待機者は2009年から10万人以上増えています。待機者のうち要介護度3〜5の中重度者が約34万人で、特養以外の施設や病院にいる人が約19万人、家族の支えで在宅でくらす人が約15万人となっています。

待機者は大都市圏で多い傾向にあり、最も多かったのは東京都（約4.3万人）です。

施設によっては2〜3年待ち、待機者が数百人くらいというところもあります。待機期間は、地域によって異なります。郊外に行けば、すぐに入居できる施設も見られます。

特養は100人規模の施設が目につきます。地価が高く、用地の確保が困難な都市部より、郊外に建てられるケースが多いようです。

東京都杉並区が特養を静岡県南伊豆町に設置すると発表したときは、大きな話題になりました。

公的な建物の一部分が、特養にあてられるケースもあります。

とにかく費用が安い

　特養は、入居一時金がかからず、月額費用も民間の介護施設と比べて割安です。

　月額費用は、**「施設サービス費」**（1割負担分）や**「居住費」**（部屋代）、**「光熱水費」**「**食費」**「**生活費」**などです。オムツ代は、施設サービス費に含まれています。

　部屋代は、施設サービス費に含まれ、介護保険から支払われる場合と、そうでない場合（全額負担）があります。多床室が前者で、後者はユニット型個室です。そのため、多床室が月額9万円程度なのに対して、ユニット型個室は月額14万円程度と割高になる傾向があります。

　特養はとにかく費用が安いので、低所得者の入居が少なくありません。

　　　　　　　　　　特養での生活

待機者
51万人！

"終のすみか"に
なるため、人気が高い

入居者の過半数が、部屋代や食費の軽減を受ける制度を利用しています。

都心部では**「地域密着型特養」**と呼ばれる29人以下の少人数の施設もあります。ただし、その地域の人しか入居できません。

入居者の決まり方

特養の入居の申し込み先は市区町村、各特養とさまざまです。

入居者の決定は、単なる申し込み順ではありません。国の省令により、**「施設サービスを受ける必要性が高いと認められる入居申込者を優先的に入居させるように努めなければならない」**とされています。

市区町村ではそれぞれ独自の基準を定めていますが、入居申込者ごとにポイント（優先度）をつけ、空きが出たときにその時点で一番ポイントが高い人に入居の案内をするケースが多いようです。

要介護度が高い人、介護する人がいない人ほど、ポイントが高くなります。つまり、要介護5で、介護する家族がいない人であれば、早く連絡が来る可能性は高いでしょう。

入居者の決まり方

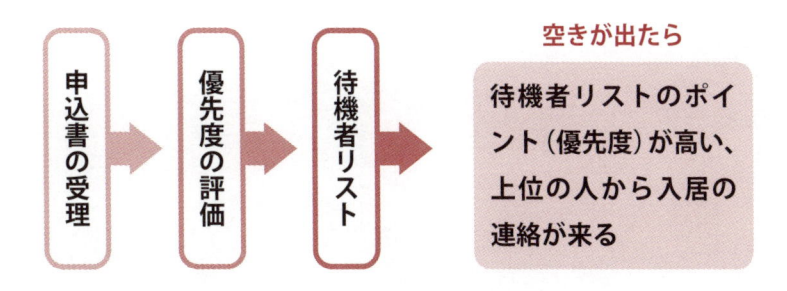

申込書の受理 → 優先度の評価 → 待機者リスト

空きが出たら
待機者リストのポイント（優先度）が高い、上位の人から入居の連絡が来る

※地域の人が優先されるが、区域外の人も申し込みができる。

特養の「ショートステイ」を活用

　待機者が多いからといって、特養の入居の可能性が低いとは限りません。

　入居の案内が届いても、入居しない・できない人がいます。「待機中に入院した」「死亡した」「待ちきれずに、有料老人ホームに入居した」などの理由から断るケースがあります。その場合は、次点の人に連絡がいきます。

　タイミングもあるので、待機期間は一概にいえませんが、特養は数か所に申し込みができるので、待機者の数に惑わされず、目当ての施設に申し込みしょう。入居を申し込んだ特養に併設されている**「ショートステイ」**（222ページ）を利用していくと、施設側もその人の状況をつかめるため、入居しやすくなることもあります。

　ただし、すべての地域・施設にあてはまるわけではありません。

39 老健には医師がいて、医療もリハビリも受けられる

ここがポイント! 病院を退院してから自宅に戻るまでの3～4か月間程度、リハビリを行なう施設が老健です。在宅復帰をめざすところで、終のすみかにはなりません。

老健の概要

　高齢期になると、病気やケガで入院しがちですが、退院して自宅に戻っても、元の生活をおくることがむずかしい場合があります。そこで、病院を退院後、自力で生活できるように医療ケアとリハビリを行なう施設が**「老健」**です。

　老健は**「病院と在宅の中間施設」**といわれています。

　特養の根拠法は「老人福祉法」ですが、老健は**「介護保険法」**に基づいた、介護施設の1つです。

　老健の多くは医療法人が設置・運営しており、病院内や診療所内に併設されていることがあります。

老健の人員配置

　老健は、医療面の支援が充実しています。平日の昼間は医師が常駐し、休日・夜間でも、医師と連絡がとれる体制になっています。ただし、病院や診療所に併設された老健には常勤医の配置が義務づけられていないため、複数の医師が交替で勤務しているところもあります。

　老健には比較的多くの看護師が配置されています。また、薬剤師も配

置されています。理学療法士（PT）、作業療法士（OT）、言語聴覚士（ST）は、**"リハビリテーションの3職種"** ともいわれ、厚生労働大臣の免許が必要なリハビリ技師ですが、PT、OT も配置されています。

　これらの専門技師が、介護士、ケアマネージャー、生活相談員と協働しながら、入居者の**「在宅復帰」**を支援しています。

リハビリテーションの3職種

理学療法士 （PT）	主に高齢や交通事故などにより発生した身体機能障害の回復のためのトレーニングを行なう技師。 脳卒中で半身不随となった人や、骨粗しょう症などの身体的障害をもつ人に対して、基本的動作能力の回復を図るため、理学療法を行なう。 温熱、電気刺激、マッサージなどの物理療法と、身体の運動をそのまま治療に応用した運動療法を駆使し、寝返りから歩行までの基本的動作の維持・回復を図る。 担当分野は、主に身体障害領域のリハビリで、とくに下肢が多い。
作業療法士 （OT）	身体または精神に障害のある人に対して、主に応用能力、または社会的適応能力の回復を図るため、作業療法の業務を行なう技師。 入浴や摂食などの日常生活動作から職場復帰に至るまで、人間として生きていくうえでの活動を身につけることができるように広くかかわる。楽しい雰囲気の中で、機能訓練や手工芸などを通じ、能力を高める援助を行なう。 担当分野は、応用的動作、社会的適応能力を身につけるリハビリで、主に上肢を使いこなすところにある。また、精神面のケアが重視される。
言語聴覚士 （ST）	言語および聴覚におけるリハビリを行なう技師。 病気や事故などによって、あるいは先天的に「摂食・嚥下（食べる、飲み込む）」と「コミュニケーション（話す・聞く・読む・書く・理解する）」の機能に障害が生じている人の機能改善や維持・向上をサポートする。 脳血管障害の後遺症で言葉を発することができなくなる失語症、嚥下障害、難聴、ろれつが回らない人などがリハビリの対象。首から上の筋肉強化を目的に、首を動かしたり舌下を出したりする運動などで、機能改善、誤嚥性肺炎や栄養不足の予防、医療の質の向上を目指す。

J男さん（90歳）のケース

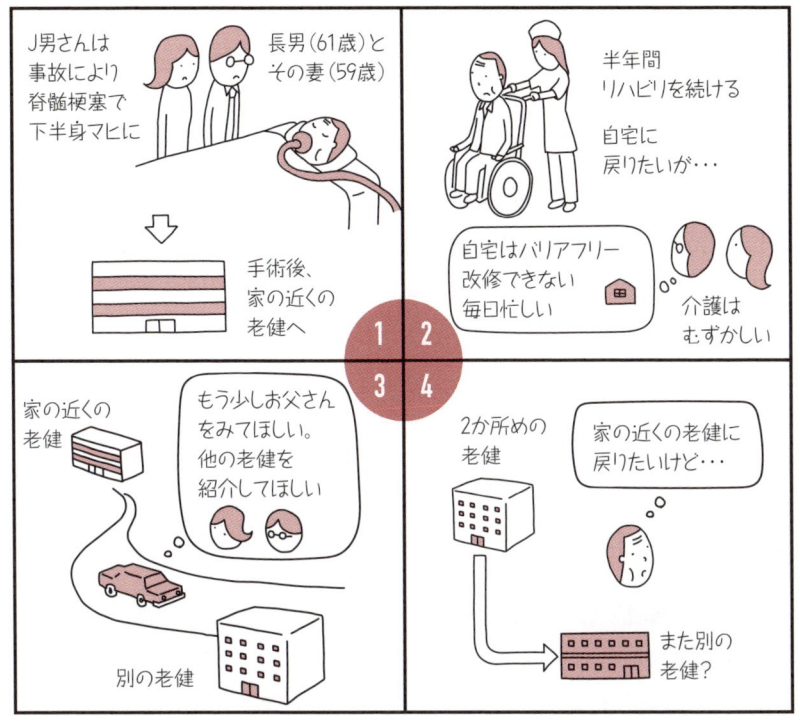

　J男さんは、事故により脊髄梗塞で下半身マヒになりました。手術後、病院から家の近くの老健へ。半年間リハビリを続けた後、自宅へ戻りたかったJ男さんですが、自宅は1階が店舗で、昇降機が付けられません。自営業の長男（61歳）とその妻（59歳）は、朝から晩まで仕事が忙しく、J男さんの介護をすることはできません。

　そこで、長男はやむなく「他の施設を紹介してほしい」とお願いし、隣の駅からバスで10分ほどの老健を紹介してもらいました。J男さんはつかまりながらも自分で歩けるようになりたいと、リハビリに励んでいます。もし、ここを退去するときが来れば、家の近くの元の老健へ戻りたいのですが、もしかしたら、また別の老健を探さなければならないかもしれません。

施設によってリハビリへの力の入れ具合が異なる

　老健は在宅復帰をめざす施設です。自宅での生活に戻るには**「排泄の自立」**が重要なので、オムツをはずせるようになるためのリハビリに力を入れています。

　施設ごとに、リハビリへの力の入れ具合は異なります。言語聴覚士（ST）を配置している老健は少ないのが現実ですが、中には３職種を配置し、リハビリに特化している施設もあります。リハビリ用のトレーニングジムを所有しているところもあります。

　「デイケア」（通所リハビリテーション）のある施設は、入居中はもちろん、退去後も居宅介護サービスでデイケアを利用できるので、継続したリハビリが受けられるのが強みです。

老健での生活

　老健は**「病院でのリハビリ生活」**という側面が強く、特養や有料老人ホームと比べると「アクティビティ」は充実しているとはいえません。その分、リハビリの時間にあてられていると考えればよいでしょう。

　ただし、リハビリ効果を求めてのレクリエーションは行なわれています。具体例として、書道や折り紙工作などの作品が、施設の廊下や食堂に飾られている光景がよく見られます。

　認知症の場合、症状が改善されると、家族の介護の負担が軽減されます。健康体操や音楽療法、本人の好きなことを採り入れたリハビリを行なうことで、身体や心をほぐしていき、話したり笑ったりという本来の姿を取り戻します。

　その結果、トイレや食事、身だしなみや会話などが改善され、自宅での生活ができるようになっていきます。

40 老健は「第2の特養」!?

> **ここがポイント!** 老健はリハビリに励み、自宅復帰をめざすための施設ですが、実際は特養の待機者が少なくなく、「第2の特養」ともいわれています。

老健にかかる費用

　老健の月額費用は、施設により異なるので一概にいえませんが、医師や看護師、薬剤師、リハビリ技師が常駐している分、特養と比べてやや高めです。

　「施設サービス費」（1割負担分）のほかに**「居住費」**（部屋代）、**「光熱水費」「食費」「生活費」**などがかかります。部屋代は、相部屋（多床室）が月額10万円程度、個室が月額15万円程度です。

　入居一時金はかかりません。

医療の制限

　老健は医療ケアが充実しています。常勤の医師がいて、定期的な回診があります。そのため、何かあれば医師に相談できます。

　ただし、医療に制限があります。虫歯や骨折、突然耳が聞こえなくなったなどで治療が必要になると、対応してもらえません。その場合は医師に紹介状を書いてもらい、外部の医療機関で受診します。

　歯科の治療は**「医療保険」**が利用できます。入居者はその1～3割を負担します。

在宅復帰率

　老健は、最期まで医療と介護の両方を受けて生活できるところではありませんが、施設によっては1年程度入居している人もいます。
　「在宅復帰率」 とは、算定月の前の6か月間の退去者総数のうち、その期間内に退去し、在宅で介護を受けることになった人が占める割合のことです。
　最近の介護報酬改定で、この在宅復帰率が50％超などの老健を **「在宅復帰支援強化型」**、30％以上の老健を **「在宅復帰支援型」** としました。報酬率が上がることから、老健は在宅復帰率のアップをめざしています。

老健で特養の待機

　本来、老健の役割は在宅復帰をめざすものですが、入居者はそういう人ばかりではありません。むしろ、そうでない人が少なくないことがあります。
　老健でリハビリを受けても、体力も気力もある若い人とは異なり、自力での生活を取り戻せない人は多いです。自宅に戻っても家族が介護できないケースです。そういう人は、特養に入居したくても、なかなか入居できないので、入居しやすい老健で待機しています。
　老健は、入居期間の目安である3か月ごとに、退去あるいは入居継続の判定を行ないますが、その判定で「退去」となっても、介護力がない家族は別の老健を探します。特養に入居できるまで複数の老健へ移り住む人もいるのが現実です。
　また、夏の暑い期間、冬の寒い期間だけ、家族が転勤や海外出張の期間だけ、家族が介護で疲れたので休息する期間だけ入居するという人も相当数います。

老健での生活

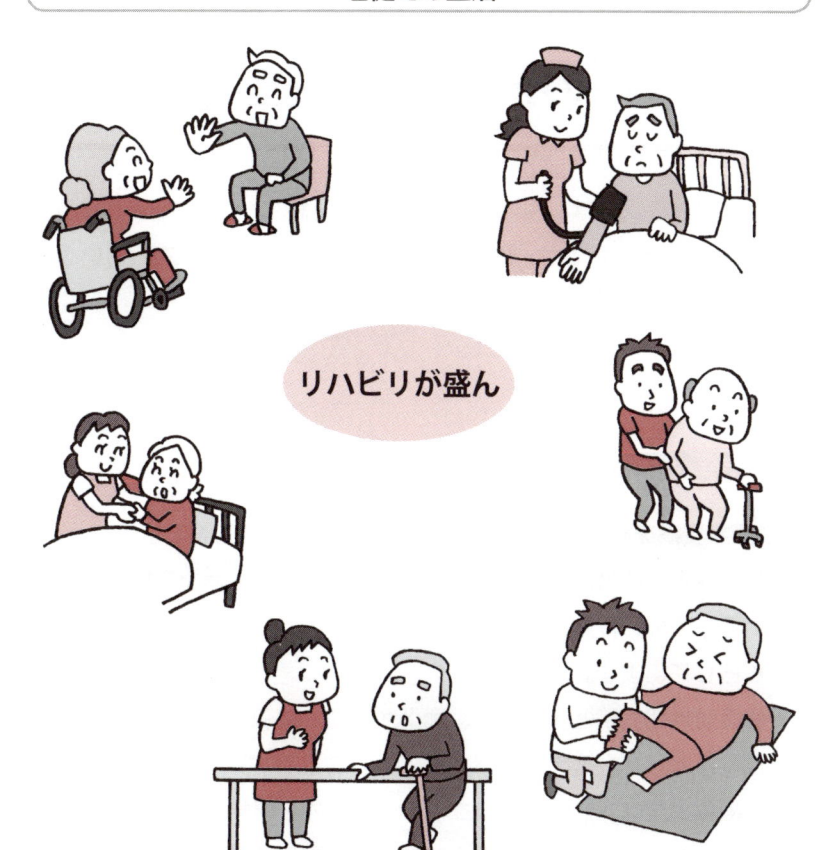

リハビリが盛ん

入居要件と退去要件

入居 対象者	次の要件をすべて満たした人 • 原則、要介護1以上で65歳以上 • 伝染病ではない • 病状が安定し、長期的な入院を必要としない • リハビリが必要
退去の 場合	• 入居中の介護認定の更新で、要支援もしくは自立となった場合 • リハビリができなくなったり、リハビリ効果がなくなった場合 • 他の入居者に危害や迷惑をかける行為を行なう場合

41 介護療養病床は終末期の病床・病院生活

> **ここがポイント！** 介護療養病床は、長期にわたる療養が必要な人がくらすところです。治療ではなく、療養を目的としています。介護施設というより「病院生活」のイメージです。

介護療養病床の概要

「**介護療養病床**」は、主に慢性期の疾患を扱う医療施設です。

脳血管疾患、心臓疾患、ガンなど、病院での急性期治療を終えて安定しているものの、長期にわたる療養が必要な人、自宅での療養が困難な人がくらしています。

一般の急性期病院と違う点は、廊下が広く、機能訓練室、談話室、浴室、食堂があり、介護士が配置されていることです。

介護療養病床は、病院やクリニックの敷地内・建物内に併設されることが少なくありません。院内の1フロアが介護療養病床になっているところもあります。

要介護1以上の人が入居できますが、実質的には痰の吸引、胃ろう、床ずれ、経管栄養、尿管カテーテル、酸素吸入などが必要な要介護4以上の重度者が多くなっています。

認知症に対応した介護療養病床もあります。そこでは、認知症の人でも入居が可能です。

K子さん（96歳）のケース

1. 10年前に脳梗塞で入院
K子さん
入退院を繰り返し、歩行困難に

2. 長女　長男　次女
介護に疲れた！
半年前から介護養護病院へ

3. あなた誰？
胃ろう
要介護5
認知症進行！
えっ！

4. せめて静かに最期のときを迎えさせてあげたいけど…
胃ろうにして果たしてよかったのか？

　10年前に脳梗塞で入院。その後、自宅復帰まで回復した後、5回の梗塞を経て、入院するごとに足腰が衰弱し、歩行困難になったK子さん。誤嚥性肺炎を起こしてから胃ろうを施しています。要介護5です。
　家族は介護に疲れ果て、K子さんは半年前から介護療養病床に入居しています。脳梗塞を起こしてから認知症も徐々に進行し、いまでは長女・次女・長男の認識も明確ではありません。
　家族は見舞いに行っても張り合いがなく、静かに最期のときを迎えさせてあげたいと考えています。次女は「果たして胃ろうにしてよかったのか」と悩んでいます。

医療療養型病床との違い

　介護療養病床のイメージをひと言でいうと、寝たきりの人や経管栄養の管をつけた人の「病院生活」です。典型的な終末期の病床で、看取りの場となっているのが現実です。

　ところで、よく似たものに**「医療療養型病床」**があります。これは**「医療保険」**適用の病院で、医師や看護師の数が介護療養病床よりもやや多いという違いがあります。要介護度は比較的低く、医療依存度が高い人が入居しています。

相部屋が基本

　介護療養病床は食事、入浴、排泄などの介護サービスが主体ですが、充実した医療体制を整備しています。

　医師はもちろん、看護師、介護士、薬剤師、ケアマネジャー、理学療養士（PT）、作業療法士（OT）が配置され、特養や老健よりも医師や理学療法士、作業療法士の数が多くなっています。

　医療依存度が高い要介護者は、最期まで医療と介護を受けられるので、安心してくらせますが、なかなかすぐに入居できるところが少ないのが現実です。

　介護療養病床では、4人部屋などの「相部屋」（多床室）が中心ですが、「個室」（ユニット型個室を含む）もあります。

　認知症や感染症の場合は、他の入居者に迷惑が及ぶこともあるので、個室にならざるを得ないという事情があります。

「新型老健」へ移行予定

　介護療養病床には家族が介護できない・したくないなどの理由で、医療処置が不要になった人が長年にわたり入居しているケースもあります。

介護療養病床での生活

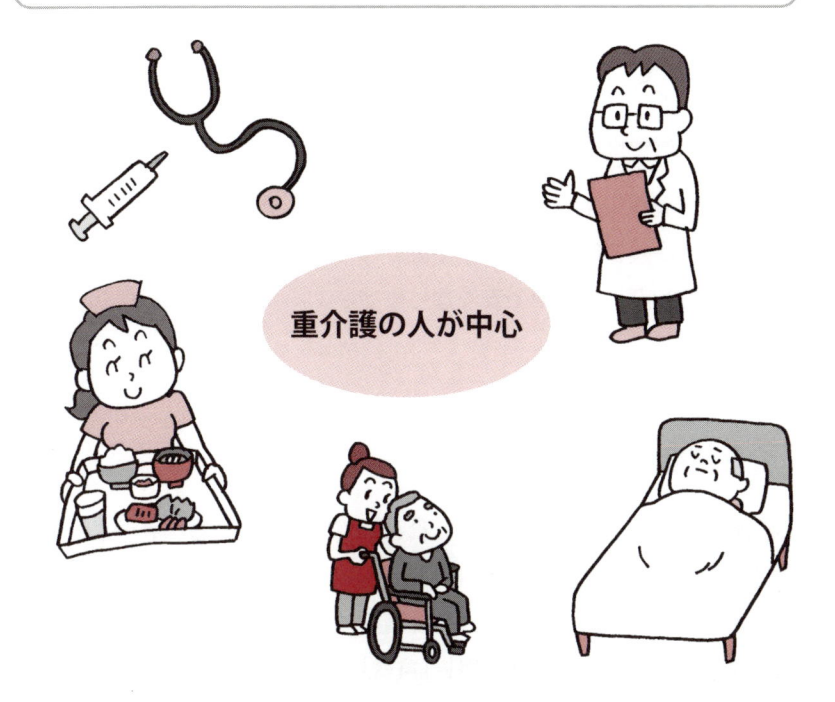

重介護の人が中心

　そのため、介護療養病床は「社会的入院患者が多い施設」ともいわれ、介護保険の財政悪化の要因の1つになっていました。

　そこで、介護療養病床は2017年度末（2018年3月末）で廃止し、廃止後は医師の数を減らし、看護師の数を増やした**「新型老健」（介護療養型老人保健施設）**へ移行することが決まっています。これは、老健と介護療養病床の中間に位置します。

　しかし、介護療養病床には寝たきりなど重度の人が多いため、自宅に戻れる人は少なく、移行がスムーズに進まないと、"介護難民"が出る懸念があります。

　現時点では、新型老健への移行がなかなか進んでいません。

42 介護療養病床ではアメニティ代がかかる

ここがポイント！ 介護療養病床では医療が受けられます。そのため、かかる費用は介護保険3施設の中で一番高くなっています。医療費は「高額療養費制度」の利用で安くなります。

介護療養病床にかかる費用

介護療養病床は、医療を受けられる病院のため、特養、老健よりも月額費用が高い傾向があります。

入居一時金はかかりませんが、「施設サービス費」（1割負担分）や「居住費」（部屋代）、「光熱水費」「食費」「生活費」などが必要です。

部屋代は、介護保険3施設の中で最も高くなっています。相部屋が月額10万円程度、ユニット型個室が月額15万円程度です。

介護療養病床に限りませんが、入院すると「差額ベッド代」が頭に浮かぶと思います。差額ベッド代がかかる場合は、ひとまず個室に入り、空き次第、相部屋に移ることが可能です。

実際にいくらかかるかがわからないのが、「アメニティ代」です。寝間着などのレンタル費や洗濯代などですが、これがバカになりません。入院が長期に及ぶとかなりの金額になります。

家族がいる場合、見舞いに来るための交通費（ガソリン代を含む）や、駐車場代などがかかります。

高額療養費制度

病気で長期間入院したり、治療が長引く場合は、医療費の自己負担が高額になるため、その負担を軽減できるのが**「高額療養費制度」**です。

これにより、年齢や所得ごとに決められた一定の負担額を超えた部分が払い戻されます。事前に**「限度額適応認定証」**を発行してもらい、病院の窓口に提出すれば、支払いは限度額の範囲内で済み、払い戻しの手間が省けます。

たとえば、73歳で「一般」の人は、4万4400円（定額）です。

高額療養費制度

70歳未満の人

(2014年5月現在)

上位所得者 (標準報酬月額53万円以上)	15万円＋（医療費－50万円）×1%
一般	8万100円＋（医療費－26万7000円）×1%
低所得者(住民税非課税)	3万5400円

70歳以上75歳未満の人

(2014年5月現在)

	通院の一部負担 （個人ごと）	世帯全員の一部負担 （入院を含む）
現役並み所得者 (標準報酬月額28万円以上など)	4万4400円	8万100円＋（医療費－26万7000円）×1%
一般	1万2000円	4万4400円
低所得者Ⅱ (住民税非課税)（注1）	8000円	2万4600円
低所得者Ⅰ (住民税非課税)（注2）		1万5000円

（注1）低所得者Ⅱとは、市（区）町村民税非課税等の被保険者またはその被扶養者のこと。
（注2）低所得者Ⅰとは、70歳以上の人のみに認められた措置で、総所得金額等にかかる各種所得がない70歳以上の被保険者本人またはその被扶養者のことをいう。

介護保険3施設のチェックポイント

特養

メリット
- [ ] 費用が安い
- [ ] 一度入居すれば、最期まで居られる終のすみかとなる
- [ ] 看取りまでやってもらえる施設がある
- [ ] ユニットケア方式が増えて、暮らしやすくなってきた

デメリット
- [ ] 入居待機者が多く、なかなか入居できない
- [ ] 重介護にならないと、入居が困難
- [ ] ユニットケア方式が増えて、費用が高くなってきている

老健

メリット
- [ ] 特養に比べて入居しやすい
- [ ] 平日の昼間は医師が常駐している
- [ ] 看護師がいて、医療と介護の両方を受けられる
- [ ] リハビリができる

デメリット
- [ ] 在宅復帰をめざす施設のため、3か月程度しか滞在できない（終のすみかにはならない）
- [ ] レクリエーションなどが少ない

介護療養病床

メリット
- [ ] 医療依存度の高い要介護者は、医師や看護師がいるため、安心してすごせる
- [ ] 最期まで医療と介護を受けられる

デメリット
- [ ] 特養、老健に比べて費用が高い
- [ ] 2018年3月末で廃止になる予定

第9章

イザ実践！
高齢者施設・住宅選びの手順とポイント

43 高齢者施設・住宅の選び方 5つのステップ

> **ここがポイント!** 高齢者施設・住宅の種類は多岐にわたり、その数も多いですが、実際に入居する施設・住宅は1か所です。「5つのステップ」を踏んで、絞り込んでいきましょう。

介護施設等を選ぶ際に重視する点は？

　ここまで、高齢者施設・住宅の特徴を種類ごとにひと通り説明しました。各施設・住宅のメリットとデメリットが把握できたと思います。
　ここからは具体的に、自分の条件に合った高齢者施設・住宅を選んでいきますが、その前に、高齢者施設・住宅を選ぶ際に重視する点を確認しておきましょう。
　内閣府が自宅以外で介護を受けたい人を対象に「介護施設等を選ぶ際に重視する点」について調査した結果を見ると、**具合が悪くなったときにすぐに治療や看護を受けられること**と回答した人は6割超となっています。
　その他、**「設備が整っていること」「料金が安いこと」「職員からきめ細やかな介護をしてもらえること」「雰囲気が明るいこと」「個室が整備されるなど、プライバシーが保たれること」「リハビリが充実していること」**などが挙げられています。
　やはり、いつでも介護を受けられる安心感は、何ものにもかえがたいといえます。

介護施設等を選ぶ際に重視する点

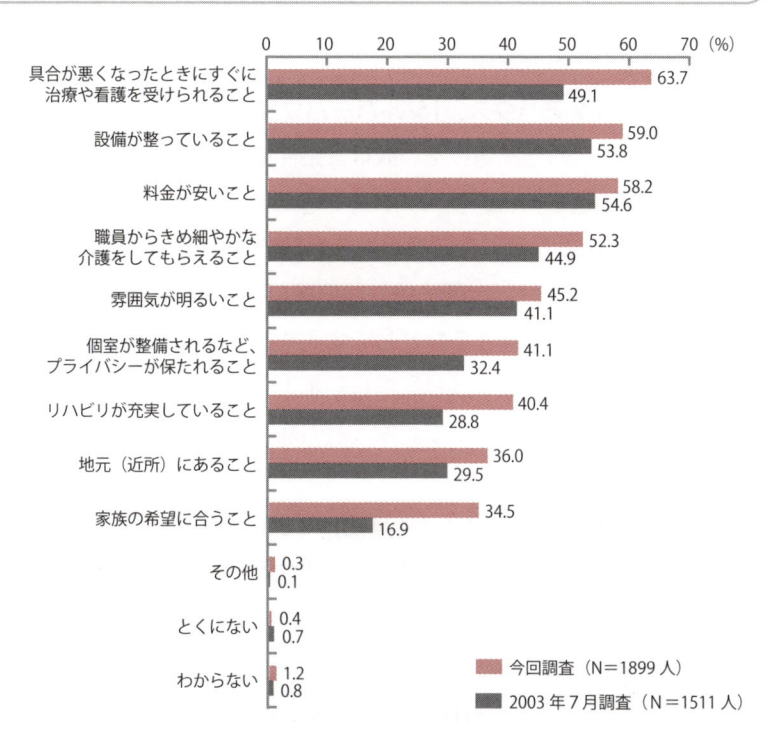

項目	今回調査	2003年7月調査
具合が悪くなったときにすぐに治療や看護を受けられること	63.7	49.1
設備が整っていること	59.0	53.8
料金が安いこと	58.2	54.6
職員からきめ細やかな介護をしてもらえること	52.3	44.9
雰囲気が明るいこと	45.2	41.1
個室が整備されるなど、プライバシーが保たれること	41.1	32.4
リハビリが充実していること	40.4	28.8
地元(近所)にあること	36.0	29.5
家族の希望に合うこと	34.5	16.9
その他	0.3	0.1
とくにない	0.4	0.7
わからない	1.2	0.8

■ 今回調査(N=1899人)
■ 2003年7月調査(N=1511人)

資料出所:内閣府『介護に関する世論調査』(2014年度)

入居するのは1か所! その選択プロセス

　高齢者施設・住宅は、どれでも自由に選べるわけではありません。「身体状況」を考えると、おのずと選択肢は狭まってくるものです。

　高齢者施設・住宅には、「要介護(要支援)者が入居できるところ」と「自立者が入居できるところ」に分けられます。

　つまり、自分がどちらのグループに属するかで、施設・住宅のタイプが絞られます。そのタイプの中から、個別の施設・住宅を選んでいくことになります。

　ただし、「経済状況」はさておき、実質的には「そもそも数が少ない」

「空きがなく、待機期間が長い」「申し込みはできるが、決定権は行政や施設側にある」などの理由で、自分のタイミングで入居したくてもできない施設・住宅があります。

具体的には**「ケアハウス」「シルバーハウジング」「介護保険3施設」**ですが、もし、これらを選びたい人は「条件に合うところが見つかれば、とりあえず申し込む」というスタンスで考えてください。

「グループホーム」は、住民票のある地域の人が優先されますが、どの施設に空きがあるか、市区町村では把握していない場合もあります。ケアマネージャーに相談するなどして本人や家族が探す必要があります。空きが見つかれば本人と家族が見学し、本人の症状を話したうえで、入居できるかどうかが決まります。本人との面談で決定する場合もあります。

一方で、**「有料老人ホーム」「サ高住」**などは全国に数多くあるので、右図の「5つのステップ」に沿って、条件に合う候補をピックアップし、絞り込んでいく必要があります。

身体状況による区分

要介護（要支援）者向け
- 介護付き有料老人ホーム・介護型（混合型を含む）
- グループホーム
- ケアハウス・介護型
- 特養など介護保険3施設

自立者向け
- 介護付き有料老人ホーム・入居時自立型
- 住宅型有料老人ホーム
- サービス付き高齢者向け住宅（サ高住）
- シニア向け分譲マンション
- ケアハウス・自立型
- シルバーハウジング

とりあえず申し込む

> 高齢者施設・住宅の選択プロセス（5つのステップ）

ステップ1 **保有資産の棚卸し**

入居施設・住宅の金額的な目安を決定。

ステップ2 **優先順位を決める**

100％満足のいく施設・住宅はないため、求める条件に優先順位をつける。

ステップ3 **情報を収集する**

施設・住宅から案内パンフレットや重要事項説明書などを取り寄せて、施設・住宅の健全性などを確認する。

ステップ4 **候補を絞り込む**

なるべく多く残す。10か所以上。

ステップ5 **見学（体験入居）する**

自分の目で確認し、○×で絞り込む。有料老人ホームの場合は、○の施設に体験入居し、適合性を見極め、再度○×で絞り込む。

最終確認

施設・住宅の健全性を考慮し、最終的に1つに絞り込む。有料老人ホームの場合は、季節を変えて再度、体験入居することが望ましい。

↓

OKなら契約

NG（再検討）ならペンディング

少し時間をおき、**ステップ2**から選択肢の再検討へ。

＜ステップ1＞
保有資産の棚卸し

ここがポイント！ 「身体状況」と同じくらい大切なのが「経済状況」です。まずは月々の収入と保有資産の洗い出しを行ない、入居のための費用にいくらくらいかけられるかを割り出します。

先立つものは「お金」⁉

高齢者施設・住宅に住みかえを考える場合、「身体状況」によって入居できる施設・住宅が限定されました。もう一つ、大事なことがあります。それは**「経済状況」**です。

有料老人ホームの多くは、入居一時金などのまとまった資金が必要です。また、入居期間中は月額費用というランニングコストがかかります。要介護度によって異なりますが、介護保険で利用できる1割の自己負担分とオムツ代などもかかってきます。

入居期間を何年として資金計画を立てるかは、自分で決めてシミュレーションする必要があります。

経済状況を把握する

まず、現在の収入と保有資産を洗い出します。

老後の収入の基本は**「公的年金」**です。公的年金をこれから受給する人は、「ねんきん定期便」に記載されている年金見込額を参考にしてください。

その他の収入として、**「個人年金」「家賃収入」「配当金」「家族の収**

月々の収入と保有資産

●月々の収入

項目	金額
公的年金	円
個人年金	円
その他収入	円
家族の収入	円

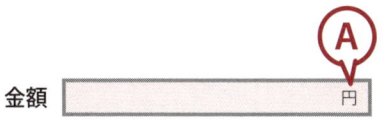

金額　　　　　　　　　　円　Ⓐ

●保有資産

預貯金（銀行・郵便局）

金融機関	支店	種類	金額
			円
			円
			円

金額　　　　円

投資性商品（株式・債券・投資信託）

証券会社	支店	種類	金額
			円
			円
			円

金額　　　　円

生命保険

保険会社	支店	種類	金額
			円
			円
			円

金額　　　　円

不動産

種類	住所・登記簿上	金額（時価）
		円
		円
		円

金額　　　　円

その他（骨とう品など）　　　金額　　　　　　　　　　円

負債　▲　　　　　　　　円

合計金額　　　　　　　　円　Ⓑ

第9章　イザ実践！　高齢者施設・住宅選びの手順とポイント

入」などがある場合は、これらも合わせて「月々の収入」（A）を書き出します。

さらに、「預貯金」「投資性商品」「生命保険」「不動産」などの資産をすべて書き出します。

その他、「骨とう品」などは時価に換算します。

忘れてはならないのが「負債」です。借入れがある場合はその残高を書き出します。

以上を一覧にまとめ、「保有資産」（B）を把握します。

自宅を子どもに相続させるか、売却して住みかえ費用にあてるかは、家族（相続人）と意思疎通を図っておく必要があります。また、生命保険にいくら加入しているかも伝えておきます。

老後の住まいの資金計画

高齢者施設・住宅の入居時に、入居一時金などのまとまった資金が必要な場合は、Bの「保有資産」から支払います。月額費用は、Aの「月々の収入」から支払います。

Aの金額内で月額費用が収まる施設・住宅であれば理想的です。

しかし、現実的にはAの金額だけでまかなえないケースが多いようです。その場合は、Bで入居一時金を支払った残額から、毎月の不足額を取り崩していくことになります。

最終的に、毎月取り崩す金額が入居一時金を支払った残額内で収まるようにプランニングしていかなければなりません。

入居期間を少し長めにとり、毎月取り崩す金額を少し高く想定することで、安心してくらしていける資金計画になります。

「長生きリスク」に対応

入居期間ですが、一度入居したら最期まで世話になることを前提に考

日本人の平均余命

現在の年齢	男性	女性
60歳	22.93年	28.33年
65歳	18.89年	23.82年
70歳	15.11年	19.45年
75歳	11.57年	15.27年
80歳	8.48年	11.43年
85歳	6.00年	8.10年
90歳	4.16年	5.47年
95歳	2.86年	3.61年
100歳	1.95年	2.34年

資料出所：厚生労働省『平成24年簡易生命表』

えるため、**「あと何年くらい生きるか」**という年数を想定することが必須です。

　これは、誰にもわからないものです。しかし、想定しないことには資金計画が立てられません。

　具体的には、現在の年齢における**「平均余命」**を参考にします。平均余命とは、ある年齢の人が、その後何年生きられるかという平均の年数のことです。もし、長生きの家系であれば、平均余命にプラスすることも考慮します。

　日本人の平均寿命が長くなったことから、介護を受けてくらす期間も長くなっています。要介護者は**「要介護状態で入居した場合の平均滞在期間は４年９か月」**（生命保険文化センター『平成24年度　生命保険に関する全国実態調査』より）という統計を考慮し、少し長めに設定するとよいでしょう。

費用の「大枠」を固める

ここまでで、月々の収入と保有資産、入居想定期間がはっきりしました。

- 月々の収入：〇〇万円
- 保有資産：〇〇〇〇万円
- 入居想定期間：〇〇年

　次は、毎月の費用を考えていくことになります。たとえば、有料老人ホームの場合で考えてみましょう。
　月額費用の内訳は右上図のとおりですが、将来のリスクに対して、**「医療費」**と**「予備費」**を確保しておくことがポイントです。
　医療費と予備費は、体調により別の施設に移る可能性を考えたものです。入院することもあり得ますから、多ければ多いほど安心です。ざっくりとした目安ですが、医療費と予備費で500万円程度は用意したいものです。
　「住宅型有料老人ホーム」など、介護は外部サービスを利用する場合は、再度住みかえの可能性があるので、その分は別枠で確保します。
　その結果、入居一時金、月額費用がいくらまで支払えるかという「大枠」が固まってきます。

入居時の費用の目安

　高齢者施設・住宅といっても、ピンからキリまでさまざまなので、一概に比較できませんが、仮に5年間入居するとして、だいたいいくらの費用がかかるかを見たのが右下図です。
　自分の希望も大事ですが、経済的に入居可能な施設・住宅かどうかを見極めることが肝心です。もし、入居時にまとまった資金が用意できないなら、特養などの公的介護施設を検討することになります。

有料老人ホームにかかる費用

入居一時金 ＋ 月額費用 ＋ 医療費／予備費

月額費用：
- 管理費
- 家賃（一時金払方式では、前払いなのでかからないことがある）
- 食費
- 生活費（光熱水費、電話代、被服費、交際費、理美容代、外食費など）

- 介護費用
- オムツ代

各施設・住宅の5年間の費用総額の目安

入居一時金と5年間の月額費用の合計

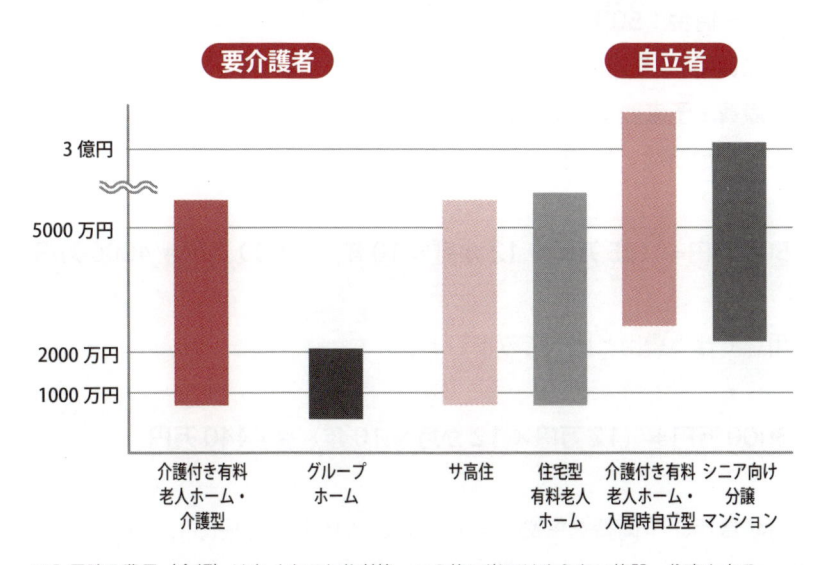

要介護者 / **自立者**

グラフの目盛：3億円 / 5000万円 / 2000万円 / 1000万円

- 介護付き有料老人ホーム・介護型
- グループホーム
- サ高住
- 住宅型有料老人ホーム
- 介護付き有料老人ホーム・入居時自立型
- シニア向け分譲マンション

※入居時の費用（金額）はあくまでも参考値。この枠に当てはまらない施設・住宅もある。

第9章 イザ実践！高齢者施設・住宅選びの手順とポイント

参考までに、具体的な事例で見ていきましょう。たとえば、3年前に配偶者を亡くし、自宅で一人暮らしのケースです。
　脳梗塞の後遺症（要介護度3）があり、これまで「居宅介護サービス」を利用してきましたが、遠方に住む子どもと相談し、自宅に近い**「介護付き有料老人ホーム・介護型」**に入居しようとしたとします。
　保有資産の棚卸しを行なったところ、次のようになりました。

- 月々の収入：12万円（遺族年金・個人年金）
- 保有資産：3000万円

　一方で、その施設の入居時に必要になる費用を計算しました。
　入居一時金は500万円です。要介護3から要介護5に上がり、オムツを利用する、入院する可能性も考慮して、月額費用は25万円、医療費と予備費は500万円と見積りました。
　入居期間は10年間と長めに設定しました。

- 入居一時金：500万円
- 月額費用：25万円
- 医療費・予備費：500万円
- 入居想定期間：10年

500万円＋（25万円×12か月×10年）＋500万円＝4000万円

　用意できる費用と比べてみましょう。

3000万円＋（12万円×12か月×10年）＝4440万円

　月額費用、予備費を多めに見積もり、入居期間を長めに設定しても、収まりました。安心して入居することができるといえます。

Column 6

自宅を利用した資金捻出の"奥の手"

　入居時の費用が不足する場合、家を手放したり、賃貸してもいいようなら、「自宅」をその資金にあてることが可能です。ここでは2つの方法を紹介します。

リバースモーゲージ

　「リバースモーゲージ」とは、自宅を担保にして、金融機関から年金方式または一括方式で融資（ローン）を受けるしくみのことです。

　通常の融資では、毎月元本とともに利息を返済します。しかし、リバースモーゲージでは、「契約者の生存中は元利金をまったく返済しない」「利息分だけ返済する」のいずれかです。そして、契約者が亡くなった時点で、家を売却するか、相続人が返済するかして、借入金と利息を精算します。

　月々の収入や保有資産の少ない高齢者でも、持ち家があれば現金を得ることができ、生存中の返済がいりません。この借入金で、高齢者施設・住宅へ住みかえ、自宅を賃貸することも可能なのです。

　リバースモーゲージを利用できるのは、①取り扱う金融機関が定めた年齢以上の高齢者で、一人暮らしまたは配偶者と二人暮らしであり、②自己名義の一戸建て（借地は除く）を所有する人です。子どもと同居の場合は利用できません。

　もちろん、リバースモーゲージを利用したいと思っても、すべての家が融資対象となるとは限りませんが、金融機関によってはマンションも可能です。

　実際にいくらくらいの融資を受けられるかは、取り扱う金融機関に相談してみましょう。

　いまのところ、リバースモーゲージを取り扱う金融機関は一部の金融機関に限られています。

この他、都道府県の社会福祉協議会が実施している**「長期生活支援資金制度」**があります。これは住民税の非課税世帯を対象に、収入の少ない高齢者世帯の生活支援を目的とした公的なリバースモーゲージです。

マイホーム借上げ制度

「マイホーム借上げ制度」は、一般社団法人移住住みかえ支援機構（JTI）が、50歳以上のシニア向けに提供しているサービスです。JTIが最長終身にわたりマイホームを借り上げて、子育て世代などに転貸し、安定した賃料収入を保証します。

JTIが入居者の募集や契約手続き、家賃の徴収などを行なってくれるので、賃借人と直接関わることはなく、トラブルの心配もありません。

賃料は一般の不動産会社を通して貸すよりも低くなりますが、1人目の入居者が決まってからは、借り手がつかずに空き家になっても、最低家賃相当分が保証される点がメリットです。これにより、入居者は自宅を売却することなく、住みかえの資金として活用することができます。

なお、JTIは入居者と3年、定期借家契約を締結することから、再び家に戻ることも可能です。

マイホーム借上げ制度を利用できるのは、日本または海外に居住する50歳以上の日本人です。そして、所有するマイホームが対象です。別荘や投資用マンションは対象外です。

戸建て、マンションともにOKですが、一定の耐震基準を満たしていることが要件です。そのため、申し込みと同時に建物診断を行ないます。その費用がかかるうえ、高額な耐震補強工事が必要となるケースも多々あります。

45 ＜ステップ２＞ 優先順位を決める

ここがポイント！ 住みかえるといっても、日本中どこでもいいわけではないはずです。まずは、どのあたりまで選択肢として可能かというエリアを決めて、その範囲で探していきます。

都市部は高い！？

　近年、日本中に高齢者施設・住宅が増えてきていますが、多くの場合、いままでくらしてきた地域や、頼りにする子どもが住んでいる街の周辺で探すのが現実的です。

　ただし、都市部では人口が多く、住みかえを考える高齢者の数も多くなるので、供給が間に合わないエリアがあります。

　地価の影響も受けるため、東京都などの都市部では高額になる傾向にあります。

　逆に地方に行けば、供給も増え、低額になるケースが見られます。

どのエリアで、どんなくらしがしたいか？

　だいたいの街やエリアが決まれば、もう少し具体的に詰めていきます。駅に近いか？　緑の多い静かなところか？　「○○線の沿線」「○○駅の近く」という絞り方も有効です。

　どんなエリアに住みたいか、そこではどんなくらしができるのかを想像してみましょう。

　たとえば、「シニア向け分譲マンション」は、シニアが住みたくなる

利便性の良い街やエリアを選択することがポイントです。地方都市であれば、すべての生活機能を備えた中心街に位置することが望ましいでしょう。それは、売却に関わってくるからです。

資産価値や、手放す際の価格が落ちないように、次のような点を考慮しましょう。

- 高齢者の多くが住みたくなるような場所にある。
- 買い物や金融機関、病院に近い。空気がきれいで、散歩に適した公園にも近い。
- 高級レストランと庶民的な食堂の両方がある。
- 近隣に文化センター（公民館）や図書館、フィットネスジムなど、利用したい公的・民間の施設がある。
- その他、開発事業者の財務内容、業務内容が健全。建物の管理が行き届いている。

エリアは狭めすぎない

「〇〇というブランド（事業者）の施設・住宅」から選ぶなど、住みかえる街があらかじめ決まっている場合はともかく、エリアを狭めすぎると選ぶ対象が少なくなる可能性があります。

特に、**「介護付き有料老人ホーム・入居時自立型」**や**「シニア向け分譲マンション」**は絶対数が多くないため、街やエリアを狭めすぎないよう注意してください。

「首都圏」「東京から1時間以内」など、柔軟に考えていくことが必要です。

そのうえで、共用設備のグレードや、介護の手厚さなどの条件を加味して、優先順位をつけていきます。

優先順位を決める

さて、住みかえ先はどのあたりにしようかしら?

- いまの生活圏内が無難かしら?
- 子どもの家に近いところ?
- 地価が高いところは、やっぱり高いわ……
- でも、故郷は知り合いが少なくなっているし……
- ショッピングに便利なところ?
- ○○線の沿線なら、なじみがあるから、住みかえの抵抗がないわ……
- ウォーキングもしたいわ……
- やはり、住み慣れたいまの家の近くがいいわ!

	環境・立地	「現在の住まいに近い場所」「子どもの家に近い場所」「都内で買い物に便利な場所」「郊外で緑の多い場所」など
	経営の健全性	入居率が高いか?(一般的に90%以上)
	費用の妥当性	入居一時金、月額費用が「サービス」に見合っているか? 近隣の相場の価格と比べてどうか?
	家賃の支払方式	有料老人ホームの場合、「一時金払方式」「月払方式」「一時金払方式と月払方式の併用」「複数の支払方式から選択」などから選ぶ
	職員	有料老人ホームの場合、離職率が低いか?(例:介護職員の離職率は25.2%、2012年度)
	建物・設備	バリアフリー対応か? 食堂(レストラン)、浴室(大浴場)などのグレードは?
	介護体制	介護付きではない施設の場合、近隣または建物内に介護サービス事業所があるか?
	医療との連携	近隣または建物内に診療所(クリニック)があるか?
	夜間看護師の配置	常時医療が必要な場合、緊急時対応サービスで、どこまで代替できるか?
	サービス内容	食事のメニュー、温泉付き、ペット可など

第9章 イザ実践! 高齢者施設・住宅選びの手順とポイント

46 ＜ステップ３＞ 情報を収集する

ここがポイント！ どこにどんな施設・住宅があるかはインターネットなどで探します。「これは！」と思う施設・住宅があれば、案内パンフレットを取り寄せるなどして、できる限り情報を集めます。

情報収集の方法

高齢者施設・住宅の情報収集の方法は、主に３つあります。

①インターネットを利用する
②各施設・住宅の案内パンフレットを見る
③民間の紹介センターを利用する

まずはインターネットでわかる範囲で、「運営理念」「経営方針」「財務状況」などを調べてみましょう。

有料老人ホームの情報は、各都道府県のサイトで見ることができます。

気になる施設・住宅には、電話で**「案内パンフレット」**とともに**「重要事項説明書」**の送付を依頼します。

インターネットでも依頼できますが、施設の職員や住宅の営業担当者と直接話してみることが、その施設・住宅の運営状況を知る第一歩になります。的確な対応ができる施設・住宅かどうかが、ある程度わかるからです。

情報入手先の例

- 介護サービス情報公表システム（厚生労働省）
  http://www.kaigokensaku.jp/

- 公益社団法人全国有料老人ホーム協会
  http://www.yurokyo.or.jp/

- サービス付き高齢者向け住宅情報提供システム
  http://www.satsuki-jutaku.jp/

- 高齢者住宅財団
  http://www.koujuuzai.or.jp/

- UR 都市機構
  http://www.ur-net.go.jp/

- WAM　NET（ワムネット）
  http://www.wam.go.jp/

- 東京都福祉保健局
  http://www.fukushihoken.metro.tokyo.jp/

- 高齢者住宅相談センター（東京・大阪）
  http://kurashi-sumai.jp/

- とうきょう福祉ナビゲーション
  http://www.fukunavi.or.jp/

- 介護情報サービスかながわ
  http://www.rakuraku.or.jp/kaigonavi/

- 各都道府県のサイト

「重要事項説明書」をチェックする

　「重要事項説明書」は、入居契約に関連する重要な事項をまとめた書類です。ここには高齢者施設・住宅の概要や、従業員（職員）に関する事項、サービスの内容、利用料金などが記載されています。

　有料老人ホームの場合、都道府県によって様式（フォーム）は異なりますが、入居希望者やその家族に書面で交付され、入居契約前に、施設・住宅側はこれに沿って入居希望者に口頭で説明し、お互いに署名（サイン）しなければなりません。

　重要事項説明書は、事業者（施設・住宅）が管轄する都道府県に定期的に提出することになっています。

　重要事項説明書から施設・住宅の経営状況を正しく読み解くことは簡

有料老人ホームの重要事項説明書（利用権方式の場合）

事業主体の概要	名称、所在地、連絡先、代表者名、設立年月日、実施する他のサービスなど
施設の概要	施設の類型、介護保険事業者番号など
従業者に関する事項	従業者の人数、勤務形態、経験年数など
サービスの内容	運営方針、介護サービスの内容、協力（提携）医療機関名、要介護時における居室の住みかえに関する事項、入居の要件、入居者の状況、施設設備の状況、利用者からの苦情対応窓口など
利用料金	支払方式、一時金方式における算定根拠、償却、クーリングオフ、月払方式の算定根拠、介護保険サービスの自己負担額、料金改定の手続きなど
その他	老人福祉法第29条第1項に規定する届出の有無、設置運営指針の不適合事項の有無
署名	説明年月日、説明者署名

単ではありませんが、パッと見て、ある程度判断できるのが**「入居率」**です。

有料老人ホームの入居率の平均は88.8％です。これが90％超のところは、安定度が高いといえるでしょう。

ただし、2人部屋がある施設の場合、1人で利用している部屋が1室でもあれば、入居率は100％になりません。あくまでも目安として考えたほうがよいでしょう。

「入手時期」も判断ポイントの1つ

いつ、重要事項説明書を手に入れられるかも、高齢者施設・住宅の「透明度」を判断できる1つの材料になります。

もし、各施設・住宅のホームページから重要事項説明書がダウンロードできるようなら、その施設・住宅は透明度が高いといえます。というのは、かなり複雑な説明書で、検討に時間を要するからです。

重要事項説明書は、施設・住宅側に有利な内容になっている箇所もあります。情報収集の段階で手に入れられれば、見学する前に十分な検討を行なえて、自分の条件に合ったところをピックアップできるし、実際に中味の濃い見学ができます。

同様に、電話やメールで依頼した際に、案内パンフレットと一緒に重要事項説明書を送付してくれる施設・住宅も、透明度が高いといえるでしょう。

見学の段階で、重要事項説明書を渡されても、その場で目を通し、気になる点をすべて確認していくことは困難でしょう。

中には、入居契約の段階で、初めて重要事項説明書を提示してくる施設・住宅もあります。

重要事項説明書の開示時期は、「わが施設・住宅を吟味し、検討してください。もし気に入ったら、入居してください」という姿勢の表われと捉えることができます。

47 ＜ステップ４＞ 候補を絞り込む

ここがポイント！ 自分の身体状況と経済状況が合致した候補施設・住宅の情報が集まったら、実際に見学するところを絞り込んでいきます。施設・住宅ごとに絞り込むための重要なポイントを整理します。

各施設・住宅の絞り込みポイント

　有力候補となりうる高齢者施設・住宅はなるべく多く残し、できれば10か所以上ピックアップします。

　基本的には、〈ステップ２〉の「優先順位」に基づいて比較検討して、候補を絞り込んで実際に見学しますが、施設・住宅ごとに絞り込むためのポイントがあります。

　ここで特に重要なポイントを整理してみました。

介護付き有料老人ホーム・介護型の絞り込みポイント

☐ 家族の住まいとの距離は近いか？
☐ 手厚い介護かどうか？　入居一時金・月額費用はそれに見合っているか？
☐ 持病がある場合、提携の医療機関で対応が可能か？
☐ 認知症の対応はどの程度までしてもらえるか？

グループホームの絞り込みポイント

- ☐ 一人ひとりの身体リズムに合わせ、残存能力を活かすような介護をしているか？
- ☐ 認知症が進行した場合、どこまで対応するかという説明に納得できるか？
- ☐ 他の入居者が落ち着いて生活しているか？
- ☐ 職員が散歩などに連れ出してくれるか？
- ☐ 持病や認知症の治療で通院する場合の付き添いは、どの程度まで対応してもらえるか？　家族が対応するのか？

介護付き有料老人ホーム・入居時自立型の絞り込みポイント

- ☐ 経済状況から見て、長生きしても大丈夫か？
- ☐ 共用設備が必要性の高いものであり、思い描くシニアライフを謳歌できるか？
- ☐ 介護が必要になった場合、どのような介護が用意されているか？
- ☐ 介護が必要になると、介護棟や介護フロアに移るか？　移行の進め方は？
- ☐ 介護一時金はかかるか？

住宅型有料老人ホームの絞り込みポイント

- ☐ 自立者や軽介護者が生活しやすい立地か？
- ☐ 介護が必要になると、系列の介護付きの施設に移ることができるか？　その場合、費用がかかるか？
- ☐ 施設内に介護サービス事業所が入っているか？

サ高住の絞り込みポイント

- ☐ 近隣の賃貸物件と比較して、付帯するサービスを加味しても家賃が妥当か？
- ☐ 見守りサービスの具体的な内容は？　他にどんなサービスが付いているか？
- ☐ 食事は３食付いているか？
- ☐ 介護が必要になった場合、どうなるか？
- ☐ サ高住内に介護サービス事業所が入っているか？
- ☐ 提携の医療機関はあるか？
- ☐ 夜間は誰か常駐しているか？

シニア向け分譲マンションの絞り込みポイント

- ☐ 駅から近いか？
- ☐ 自分の目指すシニアライフをおくれそうな立地か？
- ☐ 入居できる年齢は何歳からか？
- ☐ 身の回りのことができれば、要介護認定を受けていても入居はＯＫか？
- ☐ 開発事業者の経営基盤は安定しているか？
- ☐ 近隣の一般マンションや他のシニア分譲マンションと比較して、販売価格が妥当か？
- ☐ 住宅内に介護サービス事業所やクリニックが入っているか？
- ☐ 駐車場は確保できるか？
- ☐ 売却にあたり、管理事業者が熱心に斡旋してくれるか？

48 ＜ステップ５＞ 見学（体験入居）する

ここがポイント！ 施設・住宅の見学（有料老人ホームの場合は体験入居まで）の際は、建物の豪華さばかりに目を奪われず、「見学チェックシート」に基づいて冷静に判断しましょう。

見学の際の注意点

　インターネットや案内パンフレットだけでは、高齢者施設・住宅の実際のところはわからないので、予約して「見学」に行きます。

　見学の目的は、実際に行ってみなければわからない施設・住宅の雰囲気、清潔感、職員の対応状況などを短時間で感じ取ることです。

　密度の濃い有意義な見学にするには、重要事項説明書を読んでおくことが望ましいです。事前にその内容を頭に入れておくことにより、初歩的な質問をせずに済みます。万が一、異なる事項があれば、その場ですぐに質問できるので、納得いくまで説明してもらえます。

　有料老人ホームの見学では、施設長から施設の運営方針を聞き、職員の仕事ぶりを観察することで、介護に対する姿勢や、安心してくらせる環境かどうかをチェックします。

　他の入居者が落ち着いて生活しているか、満足しているかも大切です。

　「介護付き有料老人ホーム・入居時自立型」「住宅型有料老人ホーム」「サ高住」では、ランチが試食できる場合があります。実費が必要になることもありますが、できれば試食してみましょう。

　「シニア向け分譲マンション」は、必ず内部を見学し、内装の仕様、日当たり、外の景色などをチェックします。

介護付き有料老人ホーム・入居時自立型やサ高住、シニア向け分譲マンションの場合は、その街で充実したシニアライフをすごせそうか、実際に現地を訪れて周辺を歩いてみましょう。

　見学は1か所ではなく数か所、1回だけでなく季節を変えて数回行なうことで、より雰囲気がつかめます。訪問するたびに新たな面が見えてきますが、気になる点があればそのつど確認していくことが重要です。

■体験入居（有料老人ホームの場合）

　有料老人ホームの場合ですが、見学して良かった施設には**「体験入居」**（体験宿泊）を申し込みます。

　体験入居は、2泊3日～7泊8日など、施設ごとに決められています。ぜひ泊まってみましょう。

　数時間だけの見学では、その施設の一部分しか見ることができません。食事や入浴、アクティビティなどを、入居者と一緒に実際に体験してみるとよいでしょう。

　そして、朝一番や夜間の様子、認知症の人への対応がうかがえれば、その施設への理解が深まります。

　体験入居も1か所ではなく数か所、1回だけでなく季節を変えて数回行なうことで、より客観的に確かな雰囲気がつかめます。

　なお、体験入居は施設ごとに料金が異なり、1泊5000円～1万5000円程度です。

■最終確認を経て決定

　数か所へ見学（体験入居）して、「この施設・住宅にしたい！」と思えば、そこが最終候補になります。

　少し時間を置いて、自分の経済状況を中心に、施設・住宅の健全性を考慮して再検討します。

入居する施設・住宅の決定（有料老人ホームの場合）

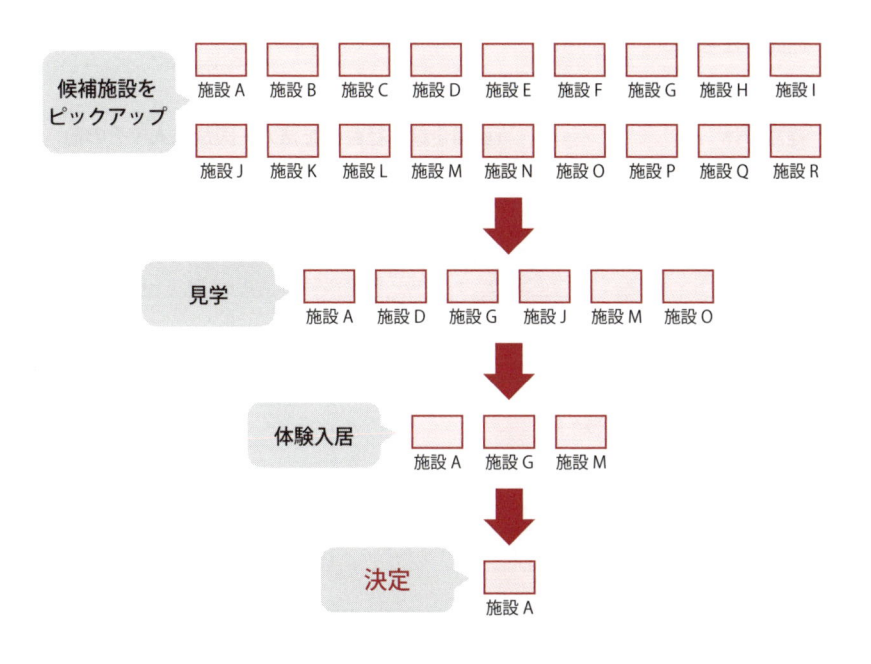

候補施設をピックアップ → 施設A 施設B 施設C 施設D 施設E 施設F 施設G 施設H 施設I 施設J 施設K 施設L 施設M 施設N 施設O 施設P 施設Q 施設R

↓

見学 → 施設A 施設D 施設G 施設J 施設M 施設O

↓

体験入居 → 施設A 施設G 施設M

↓

決定 → 施設A

> スムーズにいかない場合はこのプロセスを繰り返す

　この段階までに、家族にも一度は見学してもらい、意見を聞いてみます。

　OKなら入居契約に進みます。しかし、スムーズに行かなければ、ペンディング（やり直し）をいとわないことです。

　入居契約にあたり、一番必要なことは**「家族の同意・協力」**です。もし、気持ちのズレがあれば埋めておかなければなりません。

　家族の意向も確認しながら、スムーズに入居できるよう進めていきましょう。

高齢者施設・住宅の見学チェックシート

施設・住宅名	
タイプ：	介護付きか？：
経営母体：	（民間企業・社会福祉法人・医療法人・その他）
住所	
電話番号	
最寄り駅	

周辺環境	最寄り駅からの交通手段	
	環境は良好か？	
費用	入居一時金	円
	月額費用	円
	初期償却割合	
	償却期間	
	その他の費用	

項目	内容	○×	備考
建物全般	バリアフリー対応か？		
	引き戸か？　ドアの取っ手は？		
	新築か？　改築か？		
	雰囲気は？		
	臭いは？		
	緊急時の避難経路の確保は？		
居室	入居者数は多いか？		
	間取り・広さ・雰囲気は？		
	備付家具、電気製品は？		
	ナースコールの有無		
	日当り、風通しは良いか？		
	24時間センサー（サ高住など）		
共用設備	廊下の広さ、手すりは適切か？		
	ゲストルームの有無		
	大浴場か？　個浴か？		

食事	口に合うか？		
	病状に応じた適切な食事の提供、別途料金の有無		
	欠食時の連絡や料金計算は？		
介護	介護体制（夜間・休日の場合は？）		
	介護が必要になると、居室の移動はあるか？		
医療・健康管理	定期検診の有無		
	敷地内・建物内にクリニックはあるか？		
	協力・提携の医療機関		
	送迎費用（無料の範囲は？）		
	夜間看護の有無		
	看取りは行なっているか？（実績）		
職員	施設長の運営哲学への共感度		
	職員の言葉遣い、態度は？		
	入居者への対応は？		
	離職率はどの程度か？		
入居者	食堂やロビーで歓談しているか？		
	サークル活動、イベントへの参加状況は？		
契約説明など	重要事項説明書の配布と説明は？		
	入居一時金、月額費用の内訳の説明は？		
	月額費用以外にかかる費用の説明は？		
	身元保証人の役割、いない場合の代替制度の説明は？		
	クーリングオフ（90日ルール）の確認		

総合評価

Column 7

見学は「1＋5＝6」を意識する!?

　有料老人ホームの中には、複数の入居検討者を募り、ランチ付きの合同見学会を催す施設があります。ホームページに日程が記載されるので、初めはこういう機会を利用するとよいかもしれません。

　見学では、「1＋5＝6」を頭に浮かべながら見て回るのがコツです。

- 1　　その施設に入ったときに感じる「第一印象」は大事です。
- 5　　「五感」（視覚・聴覚・触覚・味覚・嗅覚）にフルに働いてもらいます。ホームページや案内パンフレットではわからない"生"の様子を、自分の感性で感じ取ります。いくら身体状況や経済状況が合致していても、肌に合わなければイヤになることがあるからです。
- 6　　「第六勘」で、体験入居まで進みたいか否かを○×で決めます（△は再度見学）。

　1人で行くよりも複数で行くほうが、違った角度から施設を観察することができるので安心です。

49 入居契約の前に必ず確認すべきこと

ここがポイント! 入居契約前に確認しておく必要があるのは「契約形態」です。利用権方式・建物賃貸借契約・終身建物賃貸借契約などですが、これらは高齢者施設・住宅を見ていくうえでの基本です。

契約形態の確認

まず、高齢者施設・住宅の**「契約形態」**を把握しましょう。

有料老人ホームは**「利用権方式」**が中心です。ほかに**「建物賃貸借契約」「終身建物賃貸借契約」**があります。

サ高住には**「建物賃貸借契約」「終身建物賃貸借契」「利用権方式」「所有権方式」**があります。

シニア向け分譲マンションは**「所有権方式」**です。

契約形態により付いている権利が異なります。また、同じ施設・住宅のタイプでも、違いが見られます。

①利用権方式

施設・住宅全体を利用する権利で、入居者、身元引受人、医師と相談し、合意のうえで、居室を移動させられる場合もあります。

償却期間や初期償却割合、付帯するサービス内容は、施設・住宅ごとに異なります。

虚偽の申告をしていたり、体調の悪化などで生活が困難になった場合には、退去を求められることもあります。

②建物賃貸借契約

住まいと介護などのサービスが別になっている契約です。

一定期間を定め、家賃を支払うことで住まいを借りる契約で、契約満了後の更新が可能です。気に入らない場合は、契約期間中でも解約することができます。一般の賃貸住宅を借りる場合と同様です。

借り手の権利が「借地借家法」で守られ、事業者（施設・住宅）の都合で退去させられることはありません。ただし、重介護になると、実質的に住み続けることが困難になるケースがあります。契約期間中に死亡すると、賃借権は相続人に相続されます。

③終身建物賃貸借契約

借家人が生存している限り、契約が継続し、死亡時点で終了する契約で、更新料はありません。

亡くなった時点で契約が終了しますが、借地借家法で入居者の権利が守られており、事業者の都合で退去させられることはありません。

基本的に相続はできません。夫婦で入居していた場合、契約者が先に死亡したらもう一方は退去しなければならないのか、住み続けられるかは確認する必要があります。

④所有権方式

居室を「区分所有権」として購入する契約で、居室の改修や売却、賃貸は自由です。

ただし、管理費、修繕積立金、固定資産税を支払う必要があります。

重要事項説明書の再確認

契約形態ごとに「重要事項説明書」の様式（フォーム）が異なります。

なお、サ高住の中には、もともと有料老人ホームで、新たに登録したところもあり、そのまま利用権方式を採用しているケースがあります。

この場合、重要事項説明書も利用権方式のフォームを使用しています。

　入居一時金の金額、償却方法、返還金制度の有無などを、重要事項説明書で再確認します。

　万全を期して選んだとしても、想定外で気に入らなくて退去する場合や、重症の病気で入院する場合はあります。その場合でも、90日以内であれば「短期解約の特例」として**「クーリングオフ」**が適用されます。

　クーリングオフが適用されれば、入居一時金が全額戻ってきます。この規定が重要事項説明書に記載されているかは要確認です。

　また、次のような確認も必要です。

- 契約解除の予告期間（30日前など）を設定しているか？
- 返還金から差し引く費用が明記されているか？
- クーリングオフの開始日は？

　90日以内の死亡により、契約が終了する場合も、返還される旨が記載されていることも確認します。

　さらに、**「身元引受人」**の役割と、必要であれば**「成年後見制度」**の利用について確認しましょう。

　成年後見制度とは、認知症、知的障害、精神障害などによって物事を判断する能力が十分でない人を保護するため、財産管理や契約を代理したりするものです。

　家庭裁判所が成年後見人等を選任する「法定後見」と、あらかじめ本人が任意後見人を選ぶ「任意後見」があります。

50 身元引受人をどうする？

ここがポイント！ 高齢者施設・住宅に入るには「身元引受人」が必要です。お願いしたいと思う人には、身元引受人の役割を確認してもらって依頼します。

身元引受人の役割

　一般の賃貸住宅と同様に、高齢者施設・住宅に入居するには「**身元引受人（身元保証人）を立ててください**」といわれます。施設・住宅側が入居者の介護や金銭に関わることなどを相談する相手として、身元引受人が必要だからです。

　多くの場合、子どもや配偶者などの家族が身元引受人になります。

　身元引受人は、入居者の入居契約上の義務や債務についての連帯保証、身柄の引き取りという大きな義務があります。入居時は立ち会い、説明を受け、契約書にサインし、支払債務に連携して責任を負います。死亡時の遺体の引き取りの責任も負います。

　身元引受人の役割は、具体的には次のようなものです。

- 入居に対する同意
- 入居契約書への記名・押印（できれば署名・捺印）
- 債務の弁済（管理費、食費、その他費用）
- 居室の移動、入退院、退去に対する同意
- 死亡時の身柄引き取り、所持品の整理・引き取り

その他、次のようなことも考慮しておく必要があります。

- 認知症が重度化した場合、本人に代わって住みかえについて話し合い、住みかえ先と相談する。
- 介護施設の場合、要介護度の見直しで要介護度が上がるとサービス利用料も上がるため、連絡が来たり、呼び出しがあり、説明を受けることがある。
- 義務ではないが、毎年2回以上開催される「運営懇談会」に出席する。

なお、身元引受人には、本人の入居に全面的に同意し、入居契約時に同席してもらうことが必要なので、事前に見学してもらうことをおすすめします。

身内で見つからない場合は？

　子どもがいない場合は、日頃から懇意にしている甥や姪に身元引受人をお願いするケースがよく見られます。「これは」と思う身内がいれば、関係を密に、良好にしておきたいものです。
　身内に依頼できるような人がまったくいない場合は、身元引受人や身元保証を請け負うNPOや一般社団法人が増えてきているので、利用するのも手です。
　施設によっては、身元引受人がいなくても別途費用を支払うことで、代替できるところもあります。
　よく、「成年後見制度を利用し、判断能力のあるときに、任意後見人を立てておけばよい」と考える人がいます。しかし、後見人は、入院時の連絡や支払い、住みかえ先との相談などはできても、家賃の連帯債務の保証や、遺体の引取り、遺品の整理はできません。そのため、任意後見人がいるだけでは、入居できないケースがあります。

51 実際に入居契約する

ここがポイント! 入居が決まれば、施設・住宅側と「入居契約書」を取り交わします。入居契約書以外にも必要な書類があります。入居契約には、本人と身元引受人が同席する場合があります。

入居の申し込み

　入居したい高齢者施設・住宅が決まれば、**「入居申込金」**を添えて、書面で申し込みを行ないます。

　それまでに見学や体験入居で様子がわかっている場合と、そうでない場合がありますが、入居にあたって正式に面談が行なわれます。施設長、入居相談員、介護士、看護師など、各部門の担当者との面談で、身体状況や経済状況で伝えておきたいことがあれば、それを話します。

　施設・住宅側はこれを受けて、申込者の入居が適切かどうかを審査します。何度か面談し、状況を正しく伝えていれば、断られることはまずありません。

　面談の時点から状況が変化した場合は、申告が必要です。

　なお、入居申込金は施設・住宅ごとに金額が異なりますが、10万円～50万円程度です。

入居契約書の記載内容

　入居が合意に達すると、契約になります。

　入居契約時に交わされるのが**「入居契約書」**です。施設・住宅の利用

> **入居契約書の主な記載内容（有料老人ホームの場合）**

- 契約開始年月日
- 入居者名・事業者名
- 身元引受人（1～2名）の氏名・住所
- 返還金受取人の氏名・住所・入居者との間柄
- 入居施設の概要
- 入居者が居住する居室
  （号室、タイプ、間取り、居室面積、付属設備など）
- 入居までに支払う費用の内容
  （金額、支払方法、支払先など）
- 入居一時金にかかる考え方
  （入居一時金の算定根拠など）
- 介護にかかる考え方
- 健康診断費用にかかる考え方
- 入居後に支払う費用の概要
- 総則　　など

に関する権利・義務を定めるために、入居者と事業者（施設・住宅）との間で交わします。

「**重要事項説明書**」は、特定の個人を対象としないのに対して、入居契約書は、入居（予定）者個人を対象としています。

入居契約書には、契約者個人の氏名、契約する居室の号室名、その価格、遵守しなければならない項目（利用上の注意点、身元引受人の役割、契約解除の要件、入居一時金の返還時の算定方式など）が記載されています。

入居契約書は2部作成され、入居者と事業者が記名・捺印のうえ、それぞれが保管します。

重要事項説明書と同様に、施設・住宅の種類や契約形態によって、入居契約書の書式（フォーム）も異なります。もちろん、施設・住宅ごと

にも違いがあります。

　入居契約書は、施設・住宅独自のフォームで作成するため、入居者に不利と思われる点があるかもしれません。必ず確認しましょう。

その他必要書類

　また、入居契約書以外にも重要な書類があります。それは、**「サービス契約書」「管理規約」**です。

　サービス契約書は、サービス内容に関する取り決め事項が定められており、入居契約書と一体化している場合があります。

　管理規約は、入居契約に基づき、その施設・住宅で生活するための規則で、管理費や食費（3食それぞれの金額や、特別食の金額など）、その他の費用の料金、各種サービスの利用の方法などが記載されています。

　有料老人ホームの場合は、病院（院内）への付き添いの料金、利用の方法などです。

　その他、次に挙げる書類も必要です。

- 住民票
- 戸籍抄本
- 健康診断書（診療情報提供書）
- 印鑑証明書
- 介護保険被保険者証
- 健康保険被保険者証・後期高齢者医療被保険者証・老人医療受領者証（いずれか）
- 生活費引落口座の通帳、口座届出印、実印

　必要書類が揃ったら、入居契約書に定められたように、**「入居一時金」**を振り込みます。事前に入居申込金を入れて申し込んでいる場合は、差引金額を振り込み、その旨を連絡します。

52 引っ越し・入居の手続き

ここがポイント！ 入居契約を終え、費用の振り込みを行なったら、施設・住宅と相談し、都合の良い日に入居します。家の片づけは早めに済ませておきましょう。

入居前オリエンテーション

　高齢者施設・住宅との契約が終わると、いよいよ入居です。新しい生活がスタートしますが、何かと不安もあるでしょう。
　入居までの具体的なスケジュールやアドバイスが行なわれる**「入居前オリエンテーション」**があるところが多いです。そのときに、疑問点や不安なことがあれば、質問するとよいでしょう。
　たとえば、「自宅を人に貸すか売却するかを決めかねているが、適切な不動産会社を紹介してほしい」「家財を整理して処分したいが紹介してほしい」「引っ越し業者はどこがよいか」など、何でも気軽に相談してみましょう。
　施設・住宅側も、入居者が少しでも入居しやすいように配慮してくれます。
　なお、入居前オリエンテーションで、居室の見取り図と実際のサイズを確認しておくことが、持ち込める荷物の取捨選択につながります。

"断捨離" しよう！

　高齢者施設・住宅への住みかえを考え始めた時点で、身の回りの整理

に取りかかりましょう。

どんなタイプの施設・住宅でも、床面積はほぼ狭くなります。日常生活で使用する物の範囲も限られてくるので、思い切って**"断捨離"**しましょう。

無理をしてケガでもすると大変ですから、大切な物だけ自分で片付けて、残りは専門の業者にお願いするとよいかもしれません。

近年は処分にも費用がかかりますので、片付け・処分を行なう業者に見積もりを出してもらいます。

引っ越し先に持ち込める物と持ち込めない物を事前に確認しておきます。

たとえば、高齢者施設・住宅では、仏壇はOKのところが多いのですが、火を利用するろうそくや線香は使えません。もちろん、刃物や灯油ストーブも持ち込めません。

ペットは、**「介護付き有料老人ホーム・入居時自立型」**や**「シニア向け分譲マンション」**の一部で認められていますが、種類や大きさなどは事前に確認が必要です。

引っ越しに伴う手続き

入居のための引っ越しは、入居者と施設・住宅の都合の良い日時で行ないます。

入居時は、鍵の引き渡しを受けて荷物を搬入します。

ただし、要介護者が入居する施設の場合、介護が目的のため、鍵が付いていない居室に入居することもあります。

引っ越しには、転出届、転入届など、さまざまな手続きが必要になります。

身内に依頼できることはお願いしますが、まずは必要な手続きのリストアップを行ない、できるところから早めに手を打っていきます。

> **引っ越しに伴う主な手続き**

- ☐ 転出届、転入届（同一市区町村内であれば転居届）
- ☐ 国民健康保険、医療保険の転出届、転入届
- ☐ 「年金受給権者住所・受取機関変更届」
- ☐ 郵便物の転送届
- ☐ 公共料金の停止、移転届（電気、ガス、水道、電話、インターネット、NHK）
- ☐ 銀行、生命保険会社、証券会社などへの住所変更届
- ☐ その他の契約の解除（新聞、牛乳、生協）

実際に入居する

　荷物は最低必要な物しか持って行けないので、整理にそれほど手間はかかりません。

　有料老人ホームでは、職員も手伝ってくれます。要介護状態で入居する場合は、身体が万全でないため、職員あるいはヘルパーが着替えの出し入れなどを行なってくれます。そのため、誰が見てもわかりやすいように収納することが大事です。

　入居後しばらくの間は、大変忙しい日が続きます。

　入居すると**「入居後オリエンテーション」**が行なわれるケースが多いです。食事、洗濯やゴミ出し、介護などのサービスの内容と費用、個別のルールの説明を受けます。

　それにより、わからないことはどこに聞けばよいか、誰に聞けばよいかなど、施設・住宅で生活するうえでの基本的なことがわかります。

53 入居後の人間関係のトラブル

ここがポイント! 実際に入居してみると、意外な人間関係がわかってくるものです。一般の住宅でも同じですが、高齢者は苦慮することが起きがちです。まずは職員に相談することです。

入居するのは高齢者

　高齢者施設・住宅への入居までは、これまでの流れでくれば、大きな間違いはほぼ起きません。

　しかし、入居するのは高齢者です。体調を崩す確率は、若い人と比べて高いのが現実です。

　一方、入居後に体調が好転する人も中にはいます。一人暮らしの不安から解放され、元気がよみがえり、はつらつとしてくる人です。

　また、毎日1人で食事を適当にすませていた人が、有料老人ホームで毎回栄養価が計算された食事を摂ることよって体調が良くなり、要介護度が下がることもあります。

　反面、想定していた以上に、人間関係がわずらわしく、気が重くなり、元気がなくなっていく人も少なくありません。

　介護施設では、基本的には本人と職員間の関係であり、他の入居者と仲良くやらなければならないというものではありません。そうはいっても、人間関係をうまくとれない場合は困ることがあるかもしれません。

　そのような場合、まずは職員や入居の相談係などに相談してみましょう。

　大手の事業者の場合、入居一時金などはそのままで、系列の他の施設

に移れるところがあります。それができないまでも、フロアや棟を移れることもあります。

　高齢になってから人間関係をうまくとれるように努力することはむずかしいので、できる限りの対処をお願いすることになります。

問題点や希望は運営懇談会に出席して聞いてみる

　高齢者施設・住宅で生活していくうちに、「もう少しこうしてほしい」という希望が出てくれば、抑え込まずにすぐに職員に話してみるのが一番です。

　もし、自分では言いにくいことであれば、家族が来たときに代わって話してもらうのもよいでしょう。個人的なことは、それでだいたい解決できます。

　しかし、施設・住宅の根本的な問題に対しては、運営懇談会に本人や家族が出席し、全員の問題として提起して、施設・住宅側の意向を確認し、改善を要請することができます。その議事録は保存されていて、閲覧できます。

　また、家族は「施設に入っているから」と丸投げせずに、介護はプロにお願いしても、心のフォローは家族しかできないことがあると理解し、時間があるときは顔を見せ、話を聞いてあげることも大切です。

どうしても気に入らなければ、クーリングオフの利用も

　できる限り時間をかけて的確に判断して入居しても、外から見るのと内実は異なっていた、それがどうしても気になり、乗り越えられずに退去したいというケースはあるでしょう。

　有料老人ホームの場合、入居一時金を支払ったとしても、90日以内であれば、クーリングオフが適用され、契約が解除となり、入居一時金は全額戻ってきます。費用は実際の利用期間分だけですみます。

54 もし、有料老人ホームで退去を求められたら？

ここがポイント！ 有料老人ホームは利用権方式のため、施設側が退去の要件を規定しています。施設によって異なるので、必ず確認しなければなりません。

退去になる4つのケース

　有料老人ホームを退去するときは「死亡時」と考えがちですが、実際はそうとは限りません。

　たとえば、終のすみかとして住みかえ、最期は看取りをしてもらおうと考えて、介護付き有料老人ホームに入居しても、退去しなければならないケースがあります。

　「経営母体の悪化」はもちろん、自らの理由、つまり、気に入って入居したにもかかわらず、想定していた環境と違っていてどうしてもなじめないケースや、病気（認知症を含む）やケガで入院せざるを得ないケース、資金がショートしたケースです。

　「退去要件」は施設ごとに異なり、重要事項説明書に記載されています。さらっと読み流してしまいがちですが、大切な項目なのでしっかり押さえておきましょう。

①入居後、病気やケガで入院になった

　夜間看護師が常駐していて、看護師の数も多い介護付き有料老人ホームでは、痰の吸引やインシュリンの投与が必要な人でも積極的に受け入れているところがあります。

退去になる4つのケース

①	入居後、病気やケガで入院になった	②	認知症により、他の入居者に迷惑がかかる行為が日常茶飯事になった
③	月額費用が払えなくなった	④	運営会社が倒産した

しかし、医療機関ではないので限界があります。人工呼吸器や気管切開などの医療処置が必要になると、病院に入院することになります。

体調が回復するような場合は、施設へ戻ることができます。ただし、重要事項説明書に3か月以上の入院についての退去条項が記載されているところもあります。

サ高住やシニア向け分譲マンションでは、退去要件として、重介護になったり、医療依存度が高くなったりした場合については明記されていません。しかし、現実的には住む続けることがむずかしくなることがあります。

実は病気やケガにより施設での生活を続けられなくなり、退去になるケースはかなり多いのです。退去後は、病院や介護療養病床への入院・入居がほとんどです。

②認知症により、他の入居者に迷惑がかかる行為が日常茶飯になった

暴行・暴力行為が日常化する、夜間に奇声をあげる、自分の居室がわからずに他人の居室に入ってしまうなど、これらの多くは「認知症」が原因です。

基本的に、他の入居者や職員に危害を加えない程度であれば、認知症が退去要件にはなりません。

しかし、暴行・暴力が高じ、投薬などの治療を重ねても共同生活がで

きないようになると、病院などへ移ることになります。

どんな場合が該当するかは、重要事項説明書で確認するしかありません。

③月額費用が支払えなくなった

何らかの理由により、月額費用が支払えなくなれば、身元引受人が連帯保証で支払うことになります。しかし、それも困難なら、退去になることもあります。

もし、あと数か月で支払いができなくなることが判明した場合は、特養など、居住費や食費の軽減措置がある公的介護施設へ申し込むなど、早めの手立てが必要です。

ところで、有料老人ホームへ入居後、年金でまかなえるところを選んだにもかかわらず、月額費用が値上げされることがあります。ただし、「来月から値上げします」と一方的に宣告されるのではなく、事前に運営懇談会で説明があります。

費用の改定に入居者の同意が必要かどうかといった詳細は、施設ごとに異なるので、重要事項説明書で確認しておくことが大切です。

④運営会社が倒産した

有料老人ホームの最大のリスクは「倒産」です。健全で透明度が高い経営を行なっている施設を選ぶことは当然です。

倒産しなくても、経営が傾き、事業者が変更になると、それまでのサービスがなくなったり、有料に変わったりと、条件が悪くなることがあります。

それが嫌で退去する人が増えると、さらに経営状況が悪くなるという悪循環に陥ります。

どのような場合に退去しなければならないかという「退去リスク」は、確実に押さえておかなければなりません。

Column 8

返還金が少なすぎる？

　有料老人ホームは、入居者に満足して長生きしていただくのが使命です。ところが、「償却期間」を超えて生活する人が増えると、経営が苦しくなるというビジネスモデルです。

　実は、この複雑なシステムをよく理解していない人が多く、トラブルの原因になっています。

　たとえば、「一時金払方式」で親が入居し、その後1年で死亡した場合、「初期償却割合」を引かれることを理解していなかった家族が、国民生活センターや消費生活センターに「返還金が少なすぎる！」とクレームをつけることがありました。

　初期償却割合の大きな施設では、1年くらいで亡くなると、返還金が少ないと感じられたのでしょう。

　有料老人ホームは、施設側が規約を定め、個別に入居契約書を作成します。そのため、入居者も身元引受人も重要事項説明書を精読して見学することはもちろん、入居契約の時点で、入居契約書の内容を正確に理解し、納得がいくまで検討してからサインすることが大切です。

　さらに、身元引受人もこのシステムを十分に理解しておくことが不可欠です。

　入居一時金の支払方式が選択可能な場合は、どの方式が自分に最適かを見極めます。入居期間が短くなると予想される場合は、「月払方式」が有利になることもあるので、十分に検討しましょう。

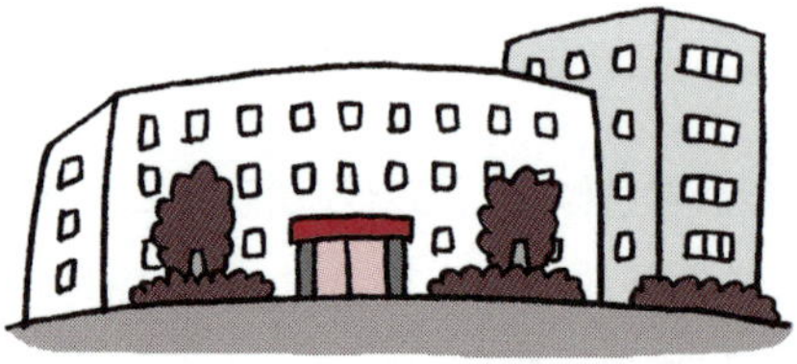

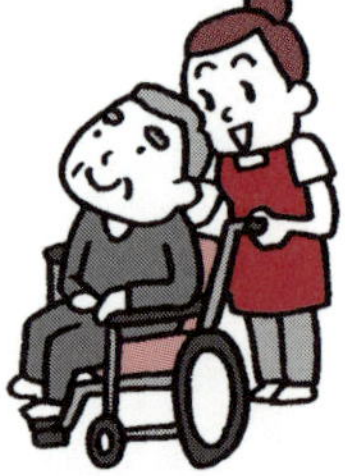

第 10 章

最期まで自宅で
くらし続けるには？

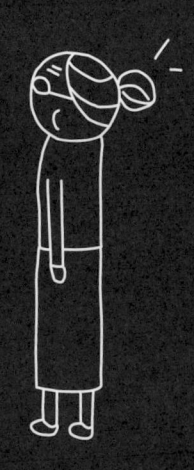

55 家族の介護力があれば「居宅介護サービス」を利用

> **ここがポイント！** 介護保険制度は、家族の介護不安を軽くする目的で制定されました。つまり、介護保険サービスの利用は「家族介護」が基本なのです。

　現在、介護施設などに入居している高齢者は少数派にすぎません。65歳以上の人（第1号被保険者）の2割程度が**「要介護（要支援）認定者」**ですが、そのうちの8割は**「自宅」**でくらしています。

　介護保険で利用できる**「居宅介護サービス」**を使って生活している人が、圧倒的に多いのです。

　介護力のある家族であれば、要介護の高齢者を家族だけで介護していくことも可能でしょう。心の通い合う介護ができれば、要介護の高齢者は安心して自宅でくらせますし、家族もずっと一緒に居られて幸せです。そして最期を迎え、家族が見届けられれば、お互いに満足感が高いといえます。

　ところが、高齢者世帯の半数以上は、**"高齢お一人様世帯・老老夫婦"**です。また、家族がいるからといって安心とはいえません。子ども世代は働き盛りで仕事に追われていることが多く、介護力のあるほうが少ないのが現実です。

足りない分は居宅介護サービスを利用する

　在宅介護において、家族は介護の素人のため、「もっと良い介護をしてあげられないのか」という不安が鬱積することがあります。

高齢者の住まいの現状

65歳以上の人数（第1号被保険者）　約3072万人

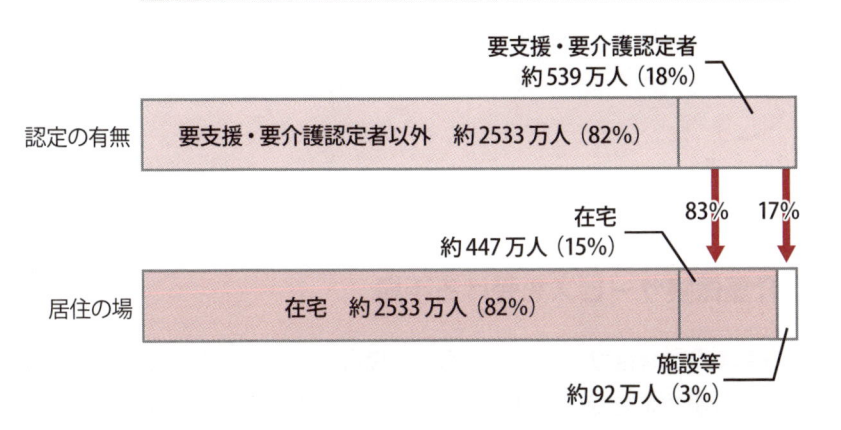

認定の有無
- 要支援・要介護認定者以外　約2533万人（82%）
- 要支援・要介護認定者　約539万人（18%）

83% / 17%

居住の場
- 在宅　約2533万人（82%）
- 在宅　約447万人（15%）
- 施設等　約92万人（3%）

(注1) 第1号被保険者数、要支援・要介護者数は、介護保険事業利用報告書の数値（2013年1月末現在）。
(注2) 施設等入居者数は、2012年介護給付費実態調査より、「公的介護保険3施設」の利用者数の合計。
資料出所：社会保障審議会介護保険部会『施設サービス等について』（2013年）

　介護を受ける側は「家族に看てもらえてありがたい」と思いながら、意思の疎通がスムーズにいかないときがあります。

　そして、お互いの気持ちがギクシャクしてしまい、ストレスがたまることがよくあるのです。

　このような場合は、居宅介護サービスを利用し、**「訪問介護」**のヘルパーに週1〜2回来てもらうことで、介護のぎこちなさが解消できることがあります。

　ただし、他人が家に入ってくることを嫌う人が結構いることは事実です。双方が折り合いのつく範囲で、あまり無理を重ねないことがコツです。

56 要介護認定を申請する

ここがポイント！ 介護保険サービスを利用するためには、要介護申請を行ない、要介護認定を受けなければなりません。その手順を知っておきましょう。

介護保険サービスを受ける手順

在宅で介護保険サービスを利用する場合、介護保険の要介護申請をして、要介護認定を受けなければなりません。本人または家族、もしくは介護サービス事業所が本人または家族の代わりに、市区町村の担当課や、**「地域包括支援センター」** に申請します。

地域包括支援センターには、主任介護支援専門員（主任ケアマネージャー）、保健師、社会福祉士がいます。

申請すると、認定調査員が自宅にやって来て、介護保険サービスを利用するに値するか、要介護度はどのレベルかをはかるためのアンケート（72項目の質問）を行なうので、これに答えます。

たとえば、次のような質問です。

・寝返り
　［・つかまらないでできる　・何かにつかまればできる　・できない］

・食事摂取
　［・自立　・見守り（介護側の指示を含む）　・一部介助　・全介助］

申請からサービス利用までの流れ

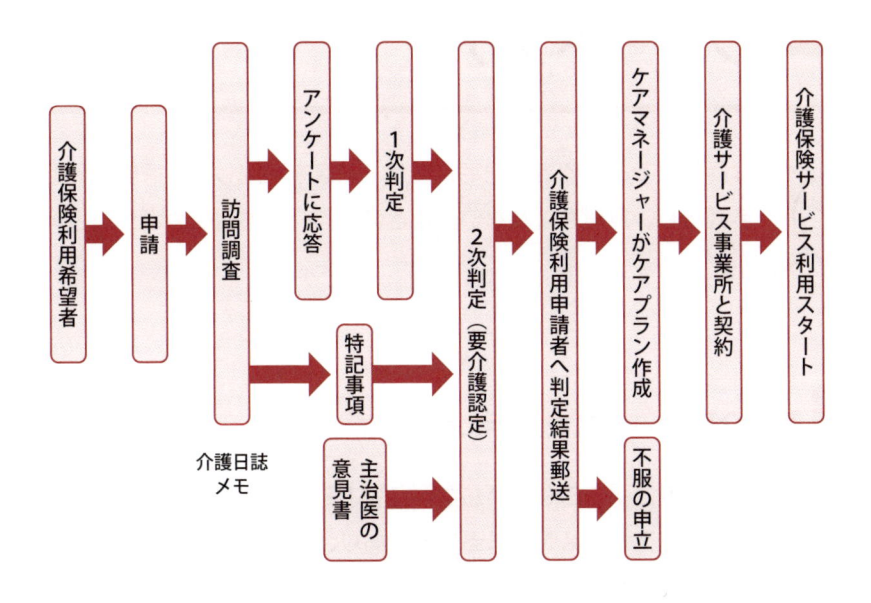

介護保険利用希望者 → 申請 → 訪問調査 → アンケートに応答 → 1次判定 → 2次判定（要介護認定）→ 介護保険利用申請者へ判定結果郵送 → ケアマネージャーがケアプラン作成 → 介護サービス事業所と契約 → 介護保険サービス利用スタート

訪問調査 → 特記事項（介護日誌メモ）→ 2次判定
特記事項 → 主治医の意見書 → 2次判定
介護保険利用申請者へ判定結果郵送 → 不服の申立

　このアンケート（1次判定）と特記事項（身体状況や介護状況がわかる日記やメモなど）、さらに主治医の意見書をもとに、介護認定審査会で要介護認定（2次判定）を受けて、要介護度が決まります。

　要介護申請をしてから30日以内に自宅に判定結果が郵送されるので、ケアマネージャーにケアプラン（介護サービス利用計画）を作成してもらい、介護サービス事業所と契約することにより、訪問介護のヘルパーが来てくれます。

　要介護認定を受けると、要介護度ごとに介護保険サービスを1割の自己負担で利用することができます。

　実際は、要介護認定を受ける前から認定を受けることを前提に、サービスを利用することも可能です。この場合、申請日からの利用分の1割が自己負担です。ただし、万が一、要介護に該当しなかった場合は、全額が自己負担になります。

57 訪問介護・デイサービス・ショートスティ

ここがポイント! 介護保険で利用できる居宅介護サービスを利用して、家族の負担を減らし、無理を重ねない長続きのする介護生活をめざしましょう。

居宅介護サービスを上手に利用

　1日中、自宅に引きこもりがちな要介護の高齢者は、介護に慣れない家族との軋轢（あつれき）でストレスを感じることがあり、感謝しながらも、気が滅入ってしまうことが少なくありません。

　そんなとき、居宅介護サービスの**「訪問介護」「デイサービス」「ショートスティ」**の利用は、安心して任せられ、気晴らしにもなります。

　お風呂に入れる、買い物や外食できるといった楽しみが得られますし、健康体操などのアクティビティで、単調になりがちな1週間の生活に張りとリズムがもたらされます。

①訪問介護

　「訪問介護」のヘルパーは、介護のプロのため、見ていて参考になることがたくさんあります。

　食事づくりから洗濯、ベッド周りの清掃まで、家事全般を行なってもらえますが、サービスの範囲は、本人の身体介護、生活援助に限定されています。

　認知症で、要介護度は高くないが、火を使う食事づくりに不安がある場合は、居宅介護サービスの支給限度額（自己負担1割）までの利用で

訪問介護の例

身体介護
食事・排泄・入浴など

生活援助
掃除・洗濯・買い物・調理など

は、毎回食事づくりを行なってもらえません。

　訪問介護で十分やっていける人がいる一方で、人によっては使いにくいケースがあるのも事実です。

②デイサービス

　「デイサービス」は、「通所介護」ともいわれ、通所介護の施設（集団生活）の中に入ることで刺激を受け、認知症の進行を抑える効果も期待できます。

　1週間に1〜4回程度、デイサービスセンターなどへ送迎付きで通うことで、生活にリズムができます。また、レクリエーション、食事、入浴の楽しみも得られ、体調チェックも行なわれます。

　家族も安心して預けられ、その時間を有意義に使うことができます。

　最近は、特徴あるデイサービスも出現し、複数のデイサービスを利用

している人もいます。自己決定能力を低下させないデイサービスが広がりつつあり、食事もバイキング方式で好きなものを好きなだけとるという、ワクワク感を大切にしたものが人気があります。

「デイケア」（通所リハビリ）といって、短時間のリハビリが中心になったサービスもあるので、体調や家族形態に応じて選択していきます。認知症の人には、人員配置を厚くした「認知症対応型デイサービス」がおすすめです。

③ショートステイ

「ショートステイ」（短期入所生活介護）は、特養などで、デイサービスと同様に日中はアクティビティに参加し、入浴し、看護師による体調チェックを受けて宿泊します。

家族が出張や旅行、冠婚葬祭のときに、ショートステイはありがたい存在です。もちろん、家族には介護で疲れたときの休息になります。

ただし、かなり早めの予約が必要なショートステイもあるので、確認が必要です。

この先、特養などの「入所系サービス」の利用を検討しようという場合、その施設でショートステイ用のベッドを用意しているところもあるので、ショートステイを利用してどんなところかをあらかじめ体感してみましょう。

特に、特養への入居を考えている人には効果大です。特養は入居がむずかしいとはいえ、ショートステイで慣れていれば入居がしやすくなるケースもあるからです。

家族は効果的に休息時間をつくる

共働き夫婦に要介護の親がいる家庭では、日中はその親が1人で留守を預かっています。軽度であれば、昼間、訪問介護のヘルパーに来てもらってしのげますが、重度になると、それだけでは十分ではありません。

デイサービスのプログラムの例

- 健康体操
- 脳トレ
- マッサージ
- パソコン
- デジカメ
- 陶芸
- 和太鼓
- 織物や紙すき
- 木工細工

ぼうっとする、何もしない、そよ風にふかれるなど、メニューは多種多様！

　やむなく家族は仕事を辞めて介護に専念する「介護離職」や、あるいは「介護うつ」などの問題も生じています。

　介護する家族は適度に「レスパイト」（休息）し、リフレッシュしながら、上手に手抜きしていくことが大切です。そのためには、訪問介護やデイサービス、ショートステイの活用が不可欠です。

　実際にどうやってレスパイトの時間をつくるかは、ケアマネージャーと相談し、ケアプランを組んでもらいましょう。デイサービスの組み方、ショートステイの予約など、ケアマネージャーの力量によるところが大きいといえます。

　もし、どうしてもケアマネージャーが合わないときは、交代してもらうことも可能です。遠慮せずに申し出ましょう。

58 住宅改修・福祉用具

ここがポイント！ 介護生活を安心しておくるためには、生活環境の整備が必要です。介護保険で利用できるものとして、住宅改修、福祉用具の貸与と購入があります。

住宅改修

ここでは、介護環境を整えるためのサービスを見ていきます。

自宅での介護をスムーズに行ない、要介護者が安心して生活を続けていくために、**「住宅改修（バリアフリー改修）」** は必須です。

1割の自己負担で利用できる限度額は、要介護・要支援者1人につき **20万円まで** です。

改修工事の対象となるのは、右図のとおりです。

一度、改修工事を行なった後、要介護度が3段階以上重くなった場合や転居した場合は再度、このサービスを利用することが可能です。

注意が必要なのは、改修工事を開始する前に書類を揃えて市区町村の担当課に申請し、認可を得て、その市区町村の登録工事業者に依頼しなければならない点です。

実際は、ケアマネージャーや地域包括支援センター経由で、登録工事業者に依頼します。

いったん費用の全額を登録工事業者に支払った後、改修工事を開始しますが、地域によっては、1割の自己負担を支払うだけでいい **「受領委任払制度」** を設けているところもあります。市区町村の担当課に直接問い合わせましょう。

改修工事の対象

① 手すりの取り付け
② 段差の解消
③ 滑りの防止・移動の円滑化などのための床、通路面の材料の変更
④ 引き戸などへの扉の取りかえ
⑤ 和式便所から洋式便所などへの便器の取りかえ
⑥ 上の①～⑤の各工事に付帯して必要と認められる工事

住宅改修の流れ

住宅改修の要件

市役所へ事前に申請し、許可を得て、指定の業者に工事を依頼

※転居や要介護度の段階が3段階以上重くなった場合は再度利用可

住宅改修費

○○市

受領委任払い OK!

ケアマネージャーや地域包括支援センター経由

↓

1割負担分だけを支払えばよい

第10章　最期まで自宅でくらし続けるには？

福祉用具の貸与（レンタル）

　「**福祉用具**」の種類は多岐にわたりますが、高齢者の体調も絶えず変化し、そのつど必要なものがどんどん変わっていきます。
　福祉用具は購入すればかなり高額となり、短期間で要らなくなることも多いため、必要な期間だけリーズナブルな価格で借りられ、調整や修理にもすばやく対応できるレンタルは、使い勝手がよく便利です。
　右上図の12種類の福祉用具がレンタルの対象です。
　「**特殊寝台**」とは介護用のベッドのことですが、電動で床面や背もたれ、膝を上げる機能が付いているので、寝たままでも自由に作動できます。介護者にとっても、ベッドの高さ調整ができるので、ベッド上での介助や車イスへの移乗介助が楽です。
　要介護1～5の人の日常生活の自立を助け、要支援1、2の人の介護予防に役立つ福祉用具のレンタルは、居住地の役所（保険者）に申請することで、1割の自己負担で利用できます。

福祉用具の購入

　右下図の5種類の福祉用具は、衛生上、購入することが望ましいものです。
　年度ごとに**10万円まで**なら、1割の自己負担で購入することが可能です。ただし、10万円を超過した分は全額自己負担です。購入時に全額を支払いますが、申請すると9割分が給付されます。
　これは、自治体の指定事業者から購入した場合に限られるので、注意が必要です。
　なお、福祉用具の購入は、レンタルと同様に、要支援1、2の人も1割の自己負担ですみます。

福祉用具の貸与（12種類）

①車イス　　　　　②車イス付属品　　　③歩行器
④歩行補助杖　　　⑤スロープ　　　　　⑥特殊寝台
⑦特殊寝台付属品　⑧床ずれ防止用具
⑨認知症徘徊感知機器　⑩移動用リフト
⑪体位変換器　　　⑫腰掛便座の手すり

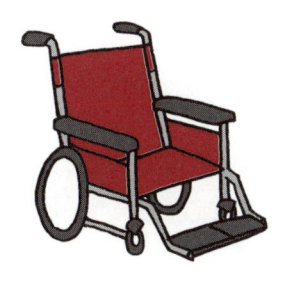

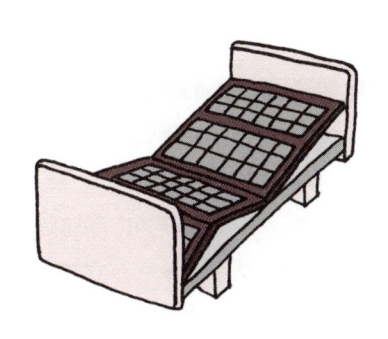

福祉用具の購入（5種類）

①腰掛便座
②特殊尿器
③簡易浴槽
④入浴補助用具
⑤移動用リフトのつり具

59 定期巡回・随時対応型訪問介護看護

> **ここがポイント！**
> 「施設から在宅へ」のスローガンの下、その実現に向けて、最期まで地域でくらせるシステムとして登場したのが定期巡回・随時対応型訪問介護看護です。

定期巡回・随時対応型訪問介護看護の概要

「定期巡回・随時対応型訪問介護看護」は、家族の介護の負担をできるだけ軽くし、要介護のお一人様高齢者でも安心できるサービスとしてスタートしました。

この定期巡回・随時対応型訪問介護看護の基本形は、介護サービス事業所のケアマネージャーが立てたケアプランどおりに、定期的に巡回する職員によって介護を受けるというものです。

通常、訪問介護やデイサービスは決められた時間だけサービスを受けられます。実際は、「定時以外の排尿」「息苦しい」「発熱」など、急遽ヘルパーに来てほしい場面があるものです。いつも家族がそばに居るなら安心ですが、家族がフルタイムで働いている場合、独居の場合はそれがかないません。

定期巡回・随時対応型訪問介護看護では、緊急事態が発生すれば、枕元に設置された直通端末で連絡することで、介護に熟練したオペレーターが事情を聞き取り、適切な処置をアドバイスします。もちろん、訪問する必要があると判断されれば、巡回中の職員（介護士・看護師）が駆けつけてくれます。

定期巡回・随時対応型訪問介護看護は、介護保険で利用できる介護サ

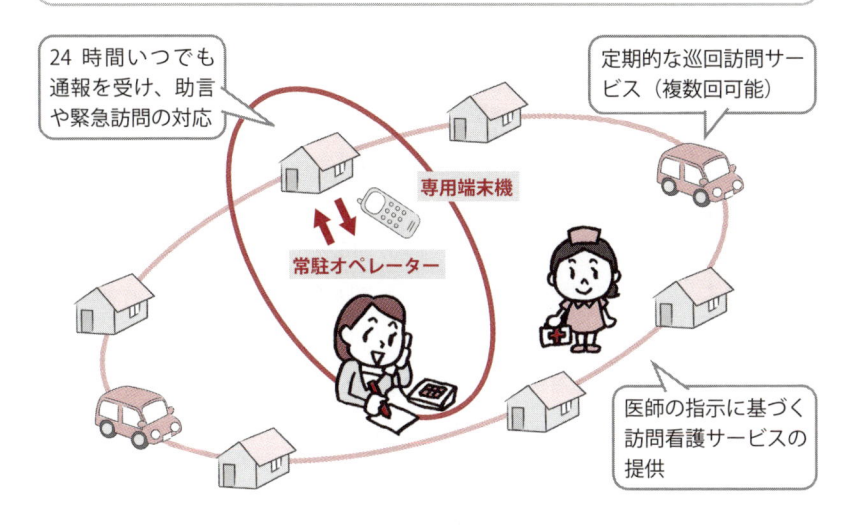

> **定期巡回・随時対応型訪問介護看護**

- 24時間いつでも通報を受け、助言や緊急訪問の対応
- 定期的な巡回訪問サービス（複数回可能）
- 専用端末機
- 常駐オペレーター
- 医師の指示に基づく訪問看護サービスの提供

ービスのうち、**「地域密着型サービス」**にあたります。

　市区町村が介護サービス事業所の指定・監督を行ない、原則としてその市区町村に居住する要介護者しか利用できません。24時間対応なので、独居や重介護の場合には心強い存在ですが、現在はまだ都市部を中心とする一部のエリアで行なわれているだけです。

定期巡回・随時対応型訪問介護看護の費用

　定期巡回・随時対応型訪問介護看護には、介護と看護が一体化されたタイプ（**一体型**）と、看護は別の訪問看護事業所と連携したタイプ（**連携型**）があります。

　また、一体化したタイプでも、介護だけを利用する場合と、介護と看護の両方を利用する場合に分かれます。

　利用料金は、要介護度ごとに異なるものの、「定額」なのが特徴です。このため、いくらかかるかという心配をせずに利用できるのがメリットです。

| 定期巡回・随時対応型訪問介護看護サービス費（月額定額・1割負担分） |

(2014年5月現在)

要介護度	定期巡回・随時対応型訪問介護看護費（一体型）		定期巡回・随時対応型訪問介護看護費（連携型）
	介護・看護利用者	介護利用者	
要介護1	9323円	6707円	6707円
要介護2	1万3999円	1万1182円	1万1820円
要介護3	2万838円	1万7900円	1万7900円
要介護4	2万5454円	2万2375円	2万2375円
要介護5	3万623円	2万6850円	2万6850円

※連携型の利用者が、定期巡回・随時対応型訪問介護看護を行なう介護サービス事業所が連携する訪問看護事業所から訪問看護を受ける場合、上記とは別に訪問看護費（要介護1～4は、2935単位、要介護5は、3735単位）を算定する。
※1単位＝10円が基本。地域ごとに単位換算が異なる。

サ高住と合体する

　もし、"自宅"の概念を広げ、サ高住に移り住み、このサービスを利用できれば、介護施設に入居しなくても最期まで生活し続けることが可能になります。

　定期巡回・随時対応型訪問介護看護を行なう介護サービス事業所にとっても、介護が必要な人がサ高住に集まってくらすのは好都合です。1つの建物内で、複数の要介護・要支援者と契約できれば、車の往復の時間やガソリン代をかけずに、効率よく介護することができ、採算がとりやすくなるからです。

　つまり、サ高住と合体することは、要介護・要支援者、介護サービス事業所の双方にとってメリットになります。在宅介護における1つの理想形といえるでしょう。

60 小規模多機能型居宅介護と訪問看護（複合型）

> **ここがポイント！** 小規模多機能型居宅介護では、訪問・通所・宿泊ができるので、いつもの顔なじみの職員から介護を受けられます。訪問看護が加わった「複合型」も登場しています。

小規模多機能型居宅介護の概要

　「小規模多機能型居宅介護」 の原型は、1980年代に始まった「宅老所」にあります。宅老所は、元看護師・元保健師・元薬剤師などが個人所有の自宅を開放し、高齢者を預かっていたところで、そこでは日帰りが中心ですが、訪問が受けられ、数泊の宿泊もできました。

　小規模多機能型居宅介護は **「地域密着型サービス」** です。利用できるのは、住民票のある地域の小規模多機能型居宅介護施設に限られます。この施設と契約すると、訪問・通所・宿泊という3種類のサービスを受けることができるようになります。

　つまり、訪問介護、デイサービス、ショートステイを1か所の施設の職員にお願いできるということです。

　認知症の人は、顔なじみの職員にいつでも看てもらえるメリットがあります。

　1事業所の定員は25人と、少人数で家庭的な雰囲気です。認知症や重度の要介護者が多く、職員が訪問介護に出ることもある関係で、アクティビティやイベントは少なめです。

　サ高住や住宅型有料老人ホームと隣接もしくはその建物内にある場合は、使い勝手がよいことから、活気があるところもあります。

小規模多機能型居宅介護の費用

　利用料金は、要介護度ごとに決まっています。「定額」ですが、食事代、宿泊代は別途かかります。

　たとえば、要介護5の人は、2万8305円（基準値）の利用料に加えて、宿泊代が3000円程度、食事代が1500円程度（朝食400円程度・昼食600円程度・夕食500円程度）が必要です。

　自宅を中心に一連の介護を好きなだけ利用しても、費用が計算しやすくて、しかも安くすませられます。

　デメリットは、その他の介護サービス事業所の訪問介護やデイサービス、ショートステイが利用できない点です。

　注意しましょう。

小規模多機能型居宅介護サービス費（月額定額・1割負担分）

小規模多機能型居宅介護と複合型
（複合型：訪問看護を加えたタイプ）

（2014年5月現在）

要介護度	小規模多機能型居宅介護	複合型
要支援1	4498円	―
要支援2	8047円	―
要介護1	1万1505円	1万3341円
要介護2	1万6432円	1万8268円
要介護3	2万3439円	2万5274円
要介護4	2万5765円	2万8531円
要介護5	2万8305円	3万2141円

※1単位＝10円が基本。地域ごとに単位換算が異なる。

訪問看護が加わった「複合型」も登場

　2013年4月から、小規模多機能型居宅介護に訪問看護が加わり、4つのサービスが提供された「複合型」が登場しました。

　それまで、医療依存度の高い人は別途、訪問看護を利用していました。介護と看護を別の介護サービス事業所に依頼することから、1割の自己負担で利用できる限度額に抑えるには、訪問看護の回数を制限しなければなりません。しかし、医療依存度の高い人はその調整が困難で、かなりの部分が全額自己負担となっていたのです。

　小規模多機能型居宅介護・複合型は、前述の「定期巡回・随時対応型訪問介護看護」とともに、重度の要介護者の在宅介護における救世主といえるでしょう。

小規模多機能型居宅介護と訪問看護（複合型）

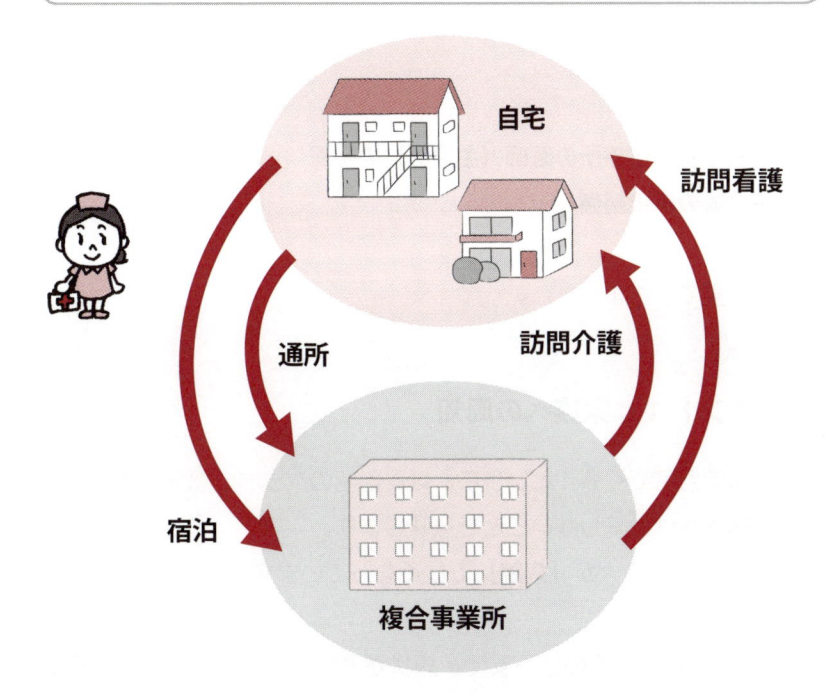

61 最期まで自宅でくらすための3つのポイント

ここがポイント！ 自宅で息を引き取るためには、それなりの"基盤整備"が必要です。そのポイントである家族、主治医、環境整備をまとめました。参考にしてください。

最期まで自宅でくらすために！

「最期まで自宅でくらし、自分のベッドで息を引き取りたい」と考える人は多いでしょう。それを実行するためには、少なくとも次の3つをクリアすることが必要です。

①家族への周知
②在宅療養支援診療所の医師（主治医）の確保
③在宅介護の環境整備

順番に見ていきましょう。

〈ポイント1〉家族への周知

最期まで自宅でくらすということは、自宅のベッドで息を引き取ることで、病院へは入院しないことを意味します。

現在、約8割の人が「病院」で亡くなっています。「自宅」で亡くなる人は1割程度です。

「自宅で看取られるのは不安で、病状が悪化したとき、どうしたらよ

いかわからない」という人は少なくありません。これは、近年話題になっている**「尊厳死」**（平穏死、自然死）とも関係があります。**「延命治療を受けるか、拒否するか」**という問題です。

　もし、「不治かつ末期」において、積極的な治療延命を希望せず、苦痛を和らげる**「緩和治療」**だけで息を引き取りたいと強く希望しているなら、そのための準備が必要です。

　自分でそう決めていても、最期の場面での最終判断は居合わせた家族などが下すことになります。家族などに、前もって意識のしっかりしているうちに自分の意思を知っておいてもらう必要があります。

　その最期の場面がいつ訪れるかは、誰にもわかりません。早めに周知しておかないと間に合わないことがあります。

　また、1人の子どもだけに伝えておけばよいわけではありません。その場に誰が居合わせるかはわからないので、可能性のある全員に自分の意思を伝え、理解してもらい、協力してもらう体制を整えておくことです。

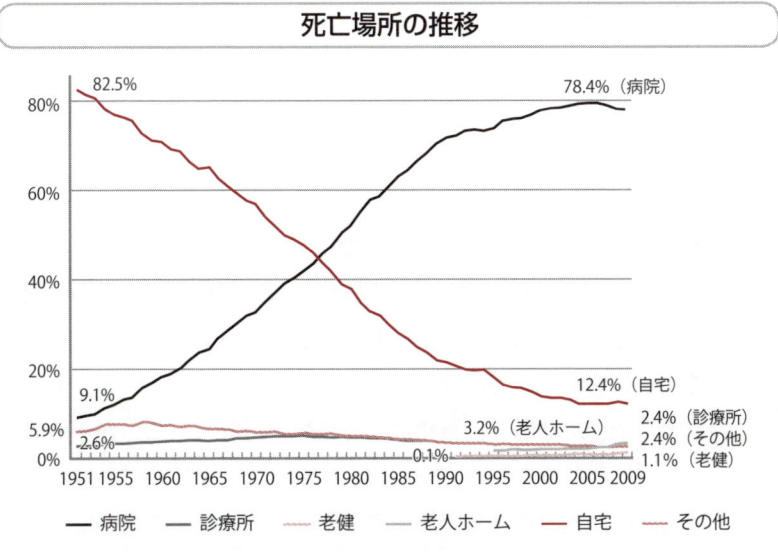

死亡場所の推移

場所	1951年	2009年
病院	9.1%	78.4%
自宅	82.5%	12.4%
診療所	5.9%	2.4%
その他	2.6%	2.4%
老人ホーム	—	3.2%
老健	0.1%	1.1%

※1994年までは老人ホームでの死亡は自宅またはその他に含まれている。
資料出所：厚生労働省「人口動態調査」（2009年）

延命治療を拒否し、死に至る身内を見守っていくのは、いくら本人の意思とはいえ、家族にはつらいものです。覚悟を決めておいてくれないと、いざというときに動揺し、流されかねません。

さらには、自分が亡くなった後、家族が罪悪感を引きずって生きていくことにもなりかねません。

延命治療を拒否し、尊厳死したい旨を周知する１つの方法は、一般社団法人日本尊厳死協会に入会し、会員カードを携帯することです。これにより、自分の意思を医師に伝えることができます。

〈ポイント２〉在宅療養支援診療所の医師の確保

最期を病院のベッドではなく自宅で、緩和治療だけで息を引き取るには、訪問診療と看取りを行なってくれる「在宅療養支援診療所」の医師が必要です。

「在宅療養支援診療」には「訪問診療」と「往診」がありますが、その両方を行なう在宅療養に登録している、自宅に近い在宅療養支援診療所の医師を見つけることです。

「在宅療養支援診療所」と届け出ている診療所が、在宅療養支援診療医のいる診療所です。

腕も相性もいい在宅療養支援診療所の医師を探して、訪問診療を契約し、「主治医」（かかりつけ医）になってもらいます。

在宅療養支援診療所の医師によっては、「クリニックから半径何キロメートル以内」「車で何分以内」「外来診療をしていない昼休みの時間だけ訪問診療や往診を行なう」など、対応可能なエリアや時間などを限定しているケースもあるので、注意が必要です。

なお、自宅で亡くなると、警察による検死が行なわれるのが一般的です。しかし、訪問診療を受けている場合は、たとえ急死しても警察が入らず、死亡後に在宅療養支援診療所の医師が死亡診断書を書いてくれます。遺族はそれが救いになります。

もう1つ付け加えることがあります。看取りを行なってもらうにあたり、患者と主治医をつなぐ役割が**「訪問看護」**です。

訪問看護では、主治医の指示の下、バイタルチェックや身体の清拭、床ずれの防止や手当て、医療機器の管理、リハビリ指導、日常生活のアドバイス、指導など、必要な看護や医療処置を行ないます。

ある意味、医師よりも密接に高齢者の体調変化を見守り、医療的ケアで改善をリードしてくれる存在です。

〈ポイント3〉在宅介護の環境整備

在宅介護の環境整備とは、自宅を介護しやすい環境にリフォームすることです。

224ページでもふれましたが、介護保険で利用できる「居宅介護サービス」の1つである**「住宅改修」**を利用して、1割の自己負担でバリアフリー改修が可能です。

高齢者は、家庭内の事故で亡くなることが大変多くなっています。特に冬場の寒い時期、急激な温度差で心臓や脳に負担をかけて亡くなる**「入浴中の事故死」**が目立ちます。浴室の手すりの設置はもちろん、家の中の温度差を少なくするため、隙間風を防ぐ補修工事を行ない、入浴前には洗面所や浴室の温度を上げておきます。

高齢期になると、足腰が衰え、瞬発力も落ちてくることから、常に転ばないように気をつけなければなりません。高所の物を取ろうと踏み台にのぼって、転倒することはよくあります。家の中の段差を極力なくすことは大切です。床材も滑りにくい材質にかえるなど、それぞれの住まいに応じたバリアフリー対策が必須です。

Column 9

高齢者施設・住宅も"自宅"に変わりはない

　お一人様高齢者が増加している中、住み慣れた自宅から、介護付き有料老人ホーム、見守りがあるサ高住、特養などへの住みかえが増えてきています。

　これらの施設・住宅も、住みかえ後は"自宅"に変わりありません。

　高齢者施設・住宅で最期を迎えたい場合は、「看取り」をしてもらえるかを確認して、施設・住宅を選択しなければなりません。

　この場合、看取りの経験の多い施設・住宅がよいでしょう。

　しかし、現時点では、職員の数の問題、経験不足の問題から、希望がかなえられないところがかなりあります。

　家族への周知はもちろん、施設・住宅の協力を仰ぐだけでなく、その施設・住宅と連携している「在宅療養支援診療所」の医師と、「訪問診療」の契約をしておくことです。

　訪問診療の折に、医師と意思疎通を図り、信頼関係を構築しておきましょう。

岡本 典子（おかもと　のりこ）
FPリフレッシュ代表、CFP®、1級ファイナンシャル・プランニング技能士、ハウジングライフ（住生活）プランナー。
早稲田大学卒業後、商社勤務などを経て、2003年より独立系FPとして活動開始。両親の高齢者向け住宅への入居をきっかけに、「高齢期の住まい」に着目。東京や神奈川を中心に、介護付き有料老人ホームやサービス付き高齢者向け住宅など、200か所近くを訪問。現在、「終のすみか探し」コンサルタントとして、シニア期の住まい探し・住みかえコンサルティングに力を注いでいる。

http:// www.fp-refresh.jp/

後悔しない高齢者施設・住宅の選び方

2014年7月1日 初版発行

著　者　岡本典子　©N.Okamoto 2014
発行者　吉田啓二
発行所　株式会社 日本実業出版社　東京都文京区本郷3-2-12 〒113-0033
　　　　　　　　　　　　　　　　大阪市北区西天満6-8-1 〒530-0047
　　　　編集部 ☎03-3814-5651
　　　　営業部 ☎03-3814-5161　振替 00170-1-25349
　　　　　　　　　　　　　　　　http://www.njg.co.jp/
　　　　　　　　　　　　　　　　印刷／厚徳社　　製本／共栄社

この本の内容についてのお問合せは、書面かFAX（03-3818-2723）にてお願い致します。
落丁・乱丁本は、送料小社負担にて、お取り替え致します。
ISBN 978-4-534-05196-7　Printed in JAPAN

読みやすくて・わかりやすい日本実業出版社の本

親の入院・介護が必要になったときに読む本

豊田　眞弓 編著
定価 本体1600円（税別）

親の老いは気になる問題。「医療保険・介護保険」「離れて暮らす親への介護」「食事・排泄介助」など、親が倒れ、入院・介護の際に必要な知識を完全網羅！

あなたと家族のためのエンディングノート

本田　桂子
定価 本体1500円（税別）

万一のときに備えて、自分や家族が困らないための「メッセージ」としてのこしておくエンディングノート。介護の方法など、自分の意思が整理できる！

図解でわかる介護保険のしくみ

服部　万里子
定価 本体1500円（税別）

介護保険のしくみやサービス内容、介報酬などについて詳しく解説。平成24年4月施行の改正介護保険法による改正点や報酬改定にも完全対応！

イラスト図解 医療費のしくみ

木村　憲洋
川越　満
定価 本体1500円（税別）

2014年度診療報酬改定を踏まえた医療費の基本的なしくみや最新トレンドのポイントが簡単にわかる。医療業界人が仕事に使える1冊！

定価変更の場合はご了承ください。